मीडिया सम्राट
सुभाष चंद्रा

मीडिया सम्राट
सुभाष चंद्रा

एन. चोक्कन

चिल्ड्रन बुक टेंपल
दिल्ली

प्रकाशक : चिल्ड्रन बुक टेंपल, सी–55, गणेश नगर, पांडव नगर, दिल्ली–110092
सर्वाधिकार : सुरक्षित / संस्करण : प्रथम, 2015 / मूल्य : दो सौ पचास रुपए
मुद्रक : आर–टेक ऑफसेट प्रिंटर्स, दिल्ली अनुवाद : लक्ष्मी अय्यर

MEDIA SAMRAT SUBHASH CHANDRA

by N. Chokkan ₹ 250.00

Published by Children Book Temple, C-55, Ganesh Nagar,
Pandav Nagar, Delhi-110092
by arrangement with New Horizon Media Pvt.Ltd
ISBN 978-81-89573-72-0

अपनी बात

मैनेजमेंट, विश्लेषण, लक्ष्य-निर्धारण, योजना बनाना, सटीक निर्णय लेना, वित्त-व्यवस्थापन, विपणन व्यवस्था, अनुशासन, जोखिम उठाना, नवप्रवर्तन, कल्पनाशीलता आदि ऐसे गुण हैं, जिन्होंने सुभाष चंद्रा को शून्य से शिखर पर पहुँचा दिया। उन्होंने सिद्ध कर दिया–सब संभव है।

30 नवंबर, 1950 को हिसार (हरियाणा) में जनमे सुभाष चंद्रा आज 'मीडिया मुगल' के नाम से जाने जाते हैं। टेलीविजन इंडस्ट्री में आने से पहले वे चावल निर्यात करने का काम करते थे। सुभाष चंद्रा ने भारत के पहले निजी टेलीविजन चैनल 'जी' टेलीविजन की शुरुआत की। एस्सेल समूह और जी के चेयरमैन के रूप में सुभाष चंद्रा ऐसे लोगों में जाने जाते हैं, जिसने भारतीय ब्रॉडकास्ट मीडिया इंडस्ट्री का चेहरा ही बदलकर रख दिया और यह हमेशा के लिए परिवर्तित हो गया।

उनकी रुचि पैकेजिंग, थीम पार्क्स, लॉटरीज और सिनेमा मल्टीप्लेक्स में भी है। उन्होंने भारतीय क्रिकेट कंट्रोल बोर्ड के एकाधिकार को चुनौती देते हुए घरेलू 20-20 'इंडियन क्रिकेट लीग' की शुरुआत की। नवंबर 2009 में अंग्रेजी के अखबार 'डेली न्यूज एनालिसिस' (डी.एन.ए.) के मैनेजमेंट की जिम्मेदारी स्वीकारी। 'डी.एन.ए.' अंग्रेजी

का भारत के आठ प्रमुख अखबारों में से एक है और इसका विस्तार काफी तेजी से हो रहा है।

सुभाष ने 'तालीम' नामक सामाजिक संगठन की स्थापना की। वे ग्लोबल विपशना फाउंडेशन के अध्यक्ष भी हैं। सुभाष भारत में एकल विद्यालय (एक अध्यापकवाले विद्यालय) फाउंडेशन के चेयरमैन हैं। यह एक धर्मार्थ संस्थान है, जो भारत में एकल विद्यालय का संचालन करता है। इसका उद्देश्य भारत के ग्रामीण और आदिवासी इलाकों से अशिक्षा को मिटाना है। चंद्रा अंतरराष्ट्रीय फाउंडेशन 'सिविलाइज्ड हारमोनी' के संस्थापक चेयरमैन हैं।

दरअसल सुभाष चंद्रा इंजीनियर बनना चाहते थे। उन्होंने इंजीनियरिंग की पढ़ाई आरंभ भी कर दी थी, लेकिन एकाएक आर्थिक अभाव के चलते कुछेक दिनों में ही उन्हें इंजीनियरिंग की पढ़ाई बीच में ही छोड़ देनी पड़ी और उनके सिर पर परिवार के गुजर-बसर की जिम्मेदारी आ पड़ी। व्यापार में घाटे से परिवार कर्ज में डूबा गया था।

इस कर्ज से मुक्ति के लिए सुभाष व्यापार जगत् में कूद पड़े और एक के बाद एक व्यापार में हाथ आजमाते हुए शून्य से शिखर की ओर बढ़ते चले गए। उन्हें पलटकर पीछे देखने का मौका नहीं मिला।

उनकी जीवन-गाथा परी कथाओं-सी मनोहारी नहीं, वरन् अनथक मेहनत की स्याही से-जीवन के कठोर धरातल पर लिखी गई-झंझावातों से ओतप्रोत एक ऐसी गाथा है, जो रोचक है, प्रेरक भी है और यह भी बताती है कि पत्थर को कैसे तराशकर हीरा बनाया जा सकता है। प्रस्तुत पुस्तक सुभाष चंद्रा के आदर्शों और दूरदृष्टि की परिचायक है, जो निश्चय ही अनुसरण योग्य है। उनका जीवन-संघर्ष आज भी जारी है। नव-प्रवर्तक अनवरत संघर्ष के लिए ही जनमते हैं।

अंत में, उन ज्ञात-अज्ञात सभी स्रोतों का आभार, जिनसे इस पुस्तक के लिए सामग्री जुटाई गई है। इस पुस्तक का मूल उद्देश्य

लाभ कमाना नहीं, बल्कि सुभाष चंद्रा के जीवट और जीवन-संघर्ष को जन-अनुसरण हेतु सरल शब्दों में पाठकों तक पहुँचाना है। आशा है, यह पुस्तक पाठकों की अपेक्षाओं पर खरी उतरेगी।

इसी आशा और विश्वास के साथ!

—लेखक

अनुक्रम

1

बड़े सपने

"टेलीविजन स्टेशन चलाने के लिए बहुत सावधानी की जरूरत है, क्योंकि ये लाखों लोगों के घरों में बेडरूम तक पहुँच रहे हैं।"

सन् 1926 में वर्तमान पाकिस्तान के एक गाँव ओकारा में रामगोपाल गोयनका ने अपने बड़े बेटे जगन्नाथ के साथ एक व्यापारिक संस्था शुरू की, जिसका नाम रखा–'रामगोपाल इंद्रप्रसाद'। एक बड़ी दुकान जैसा नाम होने पर भी वास्तव में वह चावल की एक दुकान थी। सन् 1947 में जब भारत स्वतंत्र हुआ, ओकारा पाकिस्तान से जुड़ गया, तब रामगोपाल-जगन्नाथ का परिवार भारत के हरियाणा राज्य में आकर बस गया।

वहाँ भी उनका पुराना व्यापार चलने लगा। कुछ समय बाद रामगोपाल गोयनका के साथ उनका बेटा नंदकिशोर भी उसी व्यापार में लग गया। नंद किशोर की पत्नी का नाम तारा देवी था।

सुभाष का जन्म

30 नवंबर, 1950 को नंदकिशोर-तारा देवी दंपती के यहाँ

एक बेटा पैदा हुआ। उसका नाम सुभाष रखा गया। उसके बाद तीन और बेटों (लक्ष्मी गोयल, जवाहर गोयल, अशोक गोयल) तथा तीन बेटियों (कुसुम, उर्मिला, मोहिनी) का जन्म हुआ। चावल के व्यापार में अच्छी आमदनी के कारण उन सबका लालन-पालन अच्छी तरह हो रहा था।

मारवाड़ी परिवार के नंदकिशोर अमीर होने पर भी सीधा-सादा जीवन बिताने में विश्वास रखते थे। उनके घर में प्राचीन संस्कृति, संस्कार, आदतों का आदर होता था। यह सोचकर कि चावल मंडी का व्यापार सुभाष चंद्रा का भी साथ देगा, नंदकिशोर ने अपने बड़े बेटे सुभाष को एक तरह से चावल मंडी व्यापार का वारिस सोचकर बड़ा किया।

दादा के पास हिसार में

सुभाष इंजीनियर बनने का सपना देख रहे थे। आनंदपुर मंडी में चौथी कक्षा तक की पढ़ाई पूरी करके, वे बाद की पढ़ाई हिसार शहर में रहनेवाले अपने दादा जगन्नाथ गोयल के पास रहकर करने लगे।

इस पारिवारिक व्यापार से कैसे भी छुटकारा मिले, कोई और व्यापार चुनकर आगे बढ़ूँ, यही सोच सुभाष के मन में अंकुरित होने लगी। लेकिन घर का माहौल उनकी सोच के अनुसार न था। सब लोग उन्हें आनेवाले 'मालिक' के रूप में देखने लगे, पारिवारिक धंधे से संबंधित बातें सिखाने लगे थे।

दादा जगन्नाथ गोयनका अपने पोते के स्वभाव से खूब परिचित थे। उन्हें मालूम था कि पोते को कैसे समझाना है। वे अनाज की बिक्री और व्यापार के लिए लोगों को उधारी देते थे। किसान लोग अपना अनाज गिरवी रखकर उनसे पैसे उधार लेते थे। बाद में ब्याज सहित पैसे चुकाकर अपना अनाज वापस ले जाते थे। इस धंधे से संबंधित कई चिट्ठियाँ जगन्नाथ गोयनका को स्वयं लिखनी पड़ती थीं। इस काम के लिए उन्होंने अपने पोते सुभाष को रखने का निर्णय लिया।

दादा उन्हें गृहकार्य की तरह चिट्ठी लिखने का काम हर रोज देने लगे। ऋण कैसे देना, कैसे चुकाना, कैसे विनम्रता से लिखकर वसूल करना आदि को बालक सुभाष सीखने लगा।

इंजीनियर बनने का सपना

स्कूल की पढ़ाई पूरी करके उनकी इच्छानुसार इंजीनियरिंग कॉलेज में सीट मिल गई। सुभाष अपने को एक सफल इंजीनियर बनने का सपना देख रहे थे, पर उनके सपनों पर वज्रपात हुआ। सुभाष के दादा जगन्नाथ गोयनका और पिता नंदकिशोर गोयनका को अपने व्यापार को बढ़ाने के लिए कई जगहों से उधारी लेनी पड़ी। लेकिन व्यापार में भारी नुकसान हुआ। इस कारण एक ही दिन में उनका परिवार सड़क पर आ गया। जगन्नाथ गोयनका को उधारी देनेवाले तंग करने लगे। कुल मिलाकर उधारी की रकम 4 लाख तक पहुँच गई।

वर्ष 1950 के आसपास 4 लाख की कीमत क्या होती है, आप सोच सकते हैं। बार-बार उनके दादा अपने पोते को यही संदेश देते थे कि पैसे आज आते हैं, कल चले जाते हैं। व्यापार में लाभ-हानि होना भी ऐसी ही बात है, लेकिन बातों को जरूर निभाना है। एक बार वचन दे दिया तो उसे जिंदगी भर निभाना पड़ता है। अगर वचनबद्धता नहीं है तो वचन देना बेकार ही है।

आर्थिक संकट

आर्थिक संकट के कारण सुभाष की इंजीनियरिंग की पढ़ाई में रुकावट आई। सुभाष ने चुपचाप आँसुओं को अंदर-ही-अंदर पीकर कॉलेज जाना बंद किया। योग्य छात्र का पढ़ाई छोड़ना दु:ख की बात है। उससे भी खेद की बात है उसका पढ़ाई छोड़कर परिवार के लिए नौकरी करना। कौन सी नौकरी? पता

नहीं। लेकिन कैसे भी परिवार को बचाना है।

तभी सुभाष ने अलग से एक व्यापार करने की अपनी इच्छा घरवालों को बताई और उनसे आशीर्वाद व अनुमति माँगी।

सत्रह साल का लड़का पूँजी के बिना कौन सा व्यापार कर सकता है? एक नहीं, दो नहीं, लाखों में उधार पड़ा हुआ है। क्या करेगा यह?

सुभाष ने चुनौती भरे स्वर में आश्वासन देते हुए कहा, "मुझे केवल एक मौका दीजिए। मैं अपनी लगन और कठिन परिश्रम से व्यापार में जीतूँगा।"

❑

2

जहाँ चाह वहाँ राह

"हर कोई बिना मीडिया उद्योग की कोई जानकारी के सोचे-समझे इस इंडस्ट्री में आ रहा है। मैंने देखा है कि इंडियन ब्रॉडकास्टिंग इंडस्ट्री को एक साल में 4-5 अरब डॉलर का घाटा हो रहा है।"

स्वतंत्र भारत में खाद्य वस्तुओं की कमी की पूर्ति के लिए 'फूड कॉर्पोरेशन ऑफ इंडिया' (भारतीय खाद्य निगम) की शुरुआत हुई। आज यह उत्पादन, विनियोग, आयात, निर्यात आदि की देखभाल करनेवाला एक सरकारी संगठन है।

लोगों को जमींदारों, पूँजीपतियों के शोषण से बचाने के लिए दैनिक खाद्य वस्तुएँ चावल, गेहूँ आदि को सीधे किसानों से खरीदने के लिए सरकार द्वारा यह संगठन शुरू किया गया, यानी भारतीय खाद्य निगम। सरकार की निगरानी में यह संस्था किसानों से सीधे माल खरीदकर देश भर में वितरित करती है। बचे हुए खाद्य पदार्थों को विदेशों को निर्यात करती है।

सुभाष चंद्रा के सपनों को साकार कराने में भारतीय खाद्य निगम

की भूमिका अत्यंत महत्त्वपूर्ण रही। सन् 1976 में सुभाष चंद्रा भारतीय खाद्य निगम के हिसार जिला प्रबंधक से मिले। सुभाष के बारे में जानकर उस अधिकारी ने भरोसा देते हुए कहा, "अगर हम दोनों मिल जाएँ तो सैकड़ों काम कर सकते हैं।"

तब सुभाष के पास पर्याप्त धन नहीं था। पूर्वानुभव से कोरे युवक का उपयोग फूड कॉर्पोरेशन कैसे पूरी तरह से कर सकता था? उस समय फूड कॉर्पोरेशन व भारतीय सेना के बीच एक बड़ी समस्या पैदा हुई। उस समस्या को सुलझाने में बड़ी कठिनाई होती रही।

भारतीय सेना के लिए चावल, दाल, गेहूँ और अन्य दानों को भारत सरकार फूड कॉर्पोरेशन से ही खरीदती है। इसका जिम्मा भारतीय खाद्य निगम का है।

भारतीय खाद्य निगम भी भारतीय किसानों से अनाज खरीदकर भेजता था। लेकिन उसमें सफाई की कमी दिखने लगी। चावल में मिट्टी, दाल में कीड़े, दानों में कूड़ा-करकट। भारतीय सेना ने शिकायती पत्र फूड कॉर्पोरेशन को भेजा।

सुनहरा मौका

यही सुभाष के लिए सुनहरा मौका था। उन्होंने भारतीय खाद्य निगम के अधिकारियों से उन दानों को साफ करने का पूरा दायित्व उन्हें देने का निवेदन किया। तुरंत उन्हें वह काम दे दिया गया।

इससे सुभाष पूँजी के बिना एक अच्छे बिजनेस में लग गए। घर के लोग इसे देखकर विस्मित हो गए। तब से सुभाष घर के मुखिया बन गए। लेकिन परिवार के लोग संतुष्ट नहीं हुए। वह आमदनी चार परिवारों को चलाने के लिए नाकाफी थी।

इसी बीच भारतीय खाद्य निगम अपने छोटे-मोटे कामों के

लिए सुभाष चंद्रा से मदद लेता रहा। सुभाष को पूरे दानों को लेकर उन्हें थोड़ा-थोड़ा करके वापस देना, दानों की सफाई करके स्वच्छ बनाना आदि से थोड़ा-बहुत लाभ मिलता था।

पैकेजिंग की कल्पना

एक बार एक ऐसी घटना घटी, जिसमें सुभाष चंद्रा के दिमाग ने कमाल कर दिया। भारतीय खाद्य निगम ने कई गरीब किसानों से अधिक मात्रा में अनाज खरीद लिया। उसे आयात करने में समय लगने के कारण कई टन अनाज को कैसे सुरक्षित रखना है, इसी बात को लेकर वह परेशान होने लगा। उनके गोदाम अनाज से भर गए। दानों को बाहर कैसे रख सकते थे। एक किलो या दो किलो तो नहीं, डेढ़ करोड़ टन दानों को कैसे सुरक्षित रखें?

एक टन का मतलब ही 1,000 किलोग्राम है। लगभग 1,500

करोड़ किलो के दाने को कहाँ सुरक्षित रखें। लाखों रुपए खर्च कर खरीदे हुए दाने बाहर रखें तो धूप व बारिश से कैसे बचाएँ। तभी सुभाष ने ढाढ़स बँधाया। उन्होंने पॉलिथीन के बड़े-बड़े बैग सिलवाए और उन बैगों के अंदर अनाज की गठरियाँ रखवा दीं। सुभाष ने लगभग सारे अनाज को पॉलीथिन कवरों में पोटलियों के रूप में सुरक्षित करा दिया। इस पैकेजिंग से सुभाष ने भारतीय खाद्य निगम के अधिकारियों के बीच प्रतिष्ठा कमाने के साथ-साथ एक सफल व्यापारी के रूप में भी इज्जत पा ली।

दानों को पैकेज कैसे करना है, कीटनाशक दवाइयों को उसके पैकेजों में कैसे इस्तेमाल करना है? उनके अंदर उपयोग करनेवाली तकनीकी आदि सुभाष ने जान ली। स्थानीय किसानों, उद्योगों, कंपनियों को इन पैक्ड वस्तुओं को बेचने से खूब आय हो सकती थी, ऐसी सोच उनके मन में आई। उन उन्होंने सारी वस्तुओं को खुद तैयार करने का निर्णय भी ले लिया।

दिल्ली की एक पुरानी कंपनी को उन्होंने किराए पर ले लिया। उसमें रासायनिक पदार्थों से बननेवाली पोटलियों के लिए आवश्यक कागज का उत्पादन होने लगा। लेकिन इस क्षेत्र में पर्याप्त अनुभव की कमी तथा बिक्री के दाम की भी सही जानकारी न होने के कारण दिल्ली की फैक्टरी उन्हें बंद करनी पड़ी। पहली बार उन्हें व्यवसाय में भारी नुकसान पहुँचा।

तभी उन्हें ज्ञानोदय हुआ कि 'जिस धंधे में हमें अनुभव है, उसी को अपनाना चाहिए। लाभ कम मिलने पर भी वही बेहतर है।' सुभाष दाल व चावल बेचनेवाले व्यापार में वापस आ गए। इस बार देश में नहीं, विदेशों को आयात करने का काम शुरू किया।

कई देशों में खाद्य वस्तुओं की जितनी आवश्यकता थी उतना कृषि उत्पादन नहीं था। वे लोग भारत जैसे कृषि-प्रधान देश पर निर्भर थे। अपने खरीदे दानों को वहाँ पहुँचाकर वहाँ उगनेवाले

दानों को यहाँ लेकर आना, यही उस काम का महत्तर उद्देश्य था।

सुभाष स्वयं को विदेशों से आयात-निर्यात करने के व्यापार में लगाना चाहते थे। इसके लिए उन्होंने सन् 1976 में अलग से खाद्य वस्तुओं को तैयार करनेवाली एक संस्था शुरू की। उसका नाम था–रमा एसोसिएट्स। इसी के साथ अलग से निजी संस्था शुरू करने का सपना देखनेवाले सुभाष का मकसद भी पूरा हुआ।

तभी एक सुनहरा मौका उन्हें ढूँढ़ता हुआ उनके पास चलकर आया। उस सुनहरे अवसर ने ही सुभाष को उनके सारे कर्ज-कष्टों से मुक्त कर दिया और उनके पूरे व्यापार की नींव डाल दी।

❑

3

अवसर से लाभ

''मेरा विचार है कि मीडिया को रेगुलेशन की जरूरत है। मेरे कुछ मीडिया सहयोगी इससे खुश नहीं होंगे, लेकिन मैं इसके पक्ष में हूँ। एक विकल्प यह भी है कि आपको अधिक जिम्मेदार होना पड़ेगा और सेल्फ रेगुलेट करना पड़ेगा।''

सोवियत संघ एक जमाने में अमेरिका के सामने डटकर खड़ा रहनेवाला एक शक्तिशाली साम्यवादी लौह राष्ट्र था। आज सोवियत संघ नहीं है। सन् 1990 में वह विभाजित हो गया। उस समय का सोवियत संघ एक 'मेगा रूस' था। उसके साथ अन्य देशों का संगम था।

उतने बड़े संघ में सारी स्थितियाँ देखने को मिलती थीं। एक ओर खूब सर्दी, दूसरी ओर रेगिस्तान की धूप। दोनों परिस्थितियों में सोवियत जनता जी चुकी है। सोवियत संघ के साम्यवादी नेता अपनी प्रजा के लिए आवश्यक चावल और अन्य अनाज बाहरी देशों से, विशेषकर भारत से, आयात करते थे। भारत से करोड़ों रुपए का अनाज वहाँ निर्यात होता था।

लेकिन उसके लिए सोवियत संघ सीधे आकर व्यापारियों से बात नहीं करता था, बल्कि हमारी केंद्र सरकार के माध्यम से अनाज खरीदता था। अपने देश के लिए आयात होनेवाले आवश्यक अनाज का विवरण सोवियत यूनियन भारत सरकार को देती और उसके अनुसार भारत सरकार उन्हें आपूर्ति करनेवाले उत्पादकों की सिफारिश करती थी।

अनाज निर्यात

यह मौका अगर किसी को मिल जाता तो एक ही साल में वह करोड़पति बनकर स्थापित हो जाता। ऐसा अनोखा व सुनहरा मौका सुभाष चंद्रा को मिल गया। सन् 1981 में शुरू करके हर साल सुभाष चंद्रा सोवियत यूनियन को आवश्यक खाद्य पदार्थ निर्यात करने लगे।

सोवियत संघ को भेजनेवाली चीजों पर टैक्स नहीं लगता था, इसलिए उनका व्यापार दिन दुगुना रात चौगुना उन्नति करने लगा। इस प्रकार सुभाष को लगातार पाँच साल सोवियत संघ को अनाज निर्यात करने का मौका मिला था। इसी प्रकार उन्हें यूरोप को भी अनाज निर्यात करने का मौका मिला।

इससे सुभाष के परिवार को प्राप्त होनेवाला लाभ लाखों में शुरू होकर करोड़ों के ऊपर पहुँच गया। “उस समय लगभग 70 से 80 करोड़ तक लाभ कमाया।” उन्होंने एक साक्षात्कार में बताया था।

ऋण से करोड़ों के वारे-न्यारे

पाँच लाख रुपए ऋण लेकर व्यापार शुरू करनेवाले सुभाष चंद्रा का करोड़ों में लाभ कमाना एक बड़ा सपना साकार होने के बराबर था। सुभाष ने अपने परिवार के ऊपर लदे रहनेवाले सारे

ऋणों को एक साथ चुकता कर दिया।

एक जमाने में कष्ट व ऋण आदि में फँसे हुए सुभाष चंद्रा 1980 के मध्य में आते-आते गिने-चुने लखपतियों में शामिल हो गए। इतने सारे धन को रखकर क्या करेंगे? 'इस व्यापार में जुड़े हुए सभी भाई आपस में कुछ करोड़ रुपए बाँटकर आराम से जिएँगे।' यही सोच थी।

यहीं आकर सुभाष चंद्रा का व्यवसायी दिमाग काम करने लगा। सोवियत संघ से निर्यात में कमाए धन को वे अलग-अलग व्यापार के लिए पूँजी के रूप में, अच्छी आमदनी देनेवाले कामकाजों में लगाने की सोच में बैठे थे।

पूरी पूँजी को एक ही व्यापार में लगाने के बदले अगर उसे विभाजित करके डालें तो फिर कोई हानि एक व्यापार में आती है तो पैसों की बचत हो सकती थी। तभी मुंबई के पास कई एकड़ खाली जमीन सस्ते में मिल रही थी। उन्होंने तुरंत उसे खरीद लिया। बाकी पैसों को नए व्यापार में लगाने की इच्छा थी।

नए व्यापार की सोच

वे अपने पारिवारिक दाल-चावल के व्यापार से मुक्त होकर कुछ नए विषयों के बारे में सोचकर कोई नया व्यापार शुरू करना चाहते थे। वे अपनी सीमा यानी गल्ले के व्यापार से हटकर एक नया व्यापार शुरू करने की सोच में थे।

लोगों की देखा-देखी चलना, यह तो हारनेवालों के स्वभाव की सोच है। उसी समय उन्हें दिल्ली में शुरू किए गए असफल व्यापार की याद हो आई। दुबारा वे हानि या असफलता का सामना करना नहीं चाहते थे। कौन सा व्यापार शुरू करने से लाभ मिलेगा, अब उसी की खोज थी।

भारतीय व्यापार क्षेत्र में वह परिवर्तनशील समय था। ज्यादातर उद्योगपति व्यापार-वाणिज्य के क्षेत्र में विजय-पताका फहरा रहे थे। सुभाष चंद्रा ने अपने भाइयों को बुलाकर कहा, "अब तक दाल-चावल का व्यापार करनेवाले हम नया व्यापार शुरू करने जा रहे हैं। इसमें अगर जीतना है तो अनुशासन चाहिए।"

भाइयों ने पूछा, "तो क्या करना है?"

"आज से हमें अपने-अपने हिसाब-किताब को सही-सही लिखना चाहिए। एक रुपया भी हिसाब के बाहर नहीं जाने देना है या पूँजी कहीं और नहीं लगानी है।" सुभाष ने कहा।

मुट्ठी भर नमक लेकर कसम

उनके सारे रिश्तेदारों ने उनकी बात मान ली और अपना वचन निभाने के लिए 'पानी में नमक डालनेवाली' रस्म भी पूरी की। परिवार के सभी लोगों ने मुट्ठी भर नमक लेकर कसम खाकर पानी में डालनेवाली रस्म पूरी की। इस रस्म से उन्होंने अपने पारिवारिक सदस्यों से अपेक्षित अनुशासन का वचन प्राप्त कर लिया।

सुभाष चंद्रा ने 'अभी कौन सा व्यापार शुरू करेंगे', यह नहीं सोचा था।

तभी उन्हें यूरोप में 'पैकेजिंग' नामक उद्योग से संबंधित एक प्रदर्शनी को देखने का मौका मिला। जर्मनी में होनेवाली प्रदर्शनी में उन्होंने अपने अगले मौके को पहचान लिया।

पहले से चावल, उर्वरक के पैकेज तैयार करनेवाले धंधे में रहनेवाले सुभाष उस क्षेत्र में कोई खास चीज आई है, देखने जर्मनी गए थे।

भविष्य का व्यापार

इधर-उधर नजरें डालते, निराश होकर घूमते सुभाष से किसी ने कहा, "सर, यह नई मशीन देखिए, आपको जरूर पसंद आएगी।"

वह एक टूथपेस्ट ट्यूब थी, जो प्लास्टिक से लेमिनेट करके

तैयार हुई थी। आज आम तौर पर हमारे काम में आनेवाली सारी ट्यूब, जैसे टूथपेस्ट, शेविंग क्रीम, दवाएँ, ब्यूटी क्रीम, खाने की कुछ चीजें भी प्लास्टिक लेमिनेटेड ट्यूबों में मिलती हैं। लेकिन तब वह एकदम नई तकनीक थी।

उन्होंने प्लास्टिक ट्यूब तैयार करनेवाली मशीन देखी और उससे तैयार चीजें भी। उस समय ट्यूब का मतलब अल्युमिनियम ट्यूबें थीं, जो दुनिया भर में प्रचलन में थीं।

अल्युमिनियम ट्यूबों को देख-देखकर थके हुए सुभाष चंद्रा इस ट्यूब को देखकर विस्मित हो गए। एकदम नरम और उनके ऊपर सुंदर अक्षर, साथ ही कुछ रंगीन चित्र भी। देखने में घर के दुलारे कुत्ते जैसी सुंदर लग रही थी। उँगली से थोड़ा दबाने में ही बाहर आ जाएगी। टूथपेस्ट कम चाहें तो थोड़ा दबाएँ, ज्यादा चाहें तो थोड़ा और ज्यादा।

उस मशीन को देखकर सुभाष चंद्रा उसके संबंध में पूछताछ करने लगे। वे सोचने लगे, कम पूँजी में कम तकनीकी ज्ञान से ज्यादा लाभ कमा सकते हैं। अगर इसे भारत में ले जाकर शुरू करें तो? सुभाष चंद्रा के मस्तिष्क में कई विचार पैदा होने लगे।

लेकिन प्लास्टिक ट्यूब एकदम मार्केट में नई है। व्यापारिक संस्थाएँ, ग्राहक इसे अपनाएँगे? अल्युमिनियम को दूर फेंककर इसके पीछे लगेंगे? शुरुआत में टूथपेस्ट किलो के हिसाब से बोतलों में रखी जाती थी। उनके अंदर ब्रश डालकर लेना कठिन काम था। इसी कारण ट्यूबों का आविष्कार हुआ, जिसे आराम से लोग दबाकर पेस्ट ले सकते थे।

इसके बाद टूथपेस्ट ही नहीं बल्कि दवाएँ, विविध प्रकार की चीजें–टिन, लेड आदि धातुओं से निर्मित ट्यूबों में प्राप्त होने लगीं। जनता में इन्हें खूब लोकप्रियता मिली।

दूसरे विश्वयुद्ध में लेड आदि धातुओं की खूब कमी महसूस

हुई, तब भी नजरें अल्युमिनियम पर चली गईं। तब से लेकर अल्युमिनियम ट्यूबों ने बाजार में अपने लिए एक महत्त्वपूर्ण स्थान बना लिया। 'उनके स्थान पर ये प्लास्टिक की ट्यूबें अपने पैर जमा सकती हैं?' यही सवाल उनके मन में उठने लगा।

अल्युमिनियम की तैयारी में एक बड़ी समस्या थी। धातुओं की चादरों को अकसर साफ करना पड़ता था। सफाई के लिए आवश्यक रसायन पदार्थ टूथ पेस्ट पर असर अवश्य छोड़ता होगा, जिससे हानिकारक प्रभाव पड़ता होगा। "इनसान को हानि पहुँचानेवाली अल्युमिनियम टूथपेस्ट की ट्यूबों से प्लास्टिक की ट्यूब काफी बेहतर है।" उस प्लास्टिक ट्यूब के उत्पादक व उसके विशेषज्ञ ने उस ट्यूब की महिमा को सविस्तार बताया।

प्लास्टिक ट्यूब देखने में एक ही ट्यूब जैसी लगने पर भी उसके अंदर सात से ज्यादा परतें थीं। उन सबको इकट्ठा करनेवाली तकनीक उन्हें एक ही ट्यूब जैसा दिखाती है। प्लास्टिक ट्यूबें दीखने में भी सुंदर लगती हैं। उस पर कंपनी का नाम, चित्र, विज्ञापन का नारा, सभी रंग-बिरंगे सुंदर अक्षरों में देने की सुविधा है।

अंत में उस विशेषज्ञ ने बताया कि अल्युमिनियम की तुलना में प्लास्टिक सस्ता है। इसलिए कंपनियों द्वारा भविष्य में प्लास्टिक ट्यूबों को अपनाने का अवसर ज्यादा है। खूब सोचने के बाद सुभाष चंद्रा को प्लास्टिक ट्यूबों की तैयारी में पूँजी लगाना बेहतर लगने लगा।

❑

4

कामयाबी का स्वाद

"भारतीय न्यूज चैनल कुछ चैनलों के कारण अपनी विश्वसनीयता खो चुके हैं। मैंने देखा है कि कुछ न्यूज चैनल यू ट्यूब से कंटेंट डाउनलोडिंग कर रहे हैं और संपूर्ण चैनल चला रहे हैं। वे एक पैसा भी खर्च नहीं कर रहे हैं। इंडस्ट्री के लिए यह सब अच्छा नहीं है।"

भारतीय संस्कृति में व्यापार करते वक्त यह मान्यता है कि किसी तीसरे आदमी पर भरोसा करने के बजाय अपने परिवार या रिश्तेदारों को साथ लेकर चलें तो वफादारी से काम हो सकता है।

आज तक सुभाष चंद्रा की जितनी भी कंपनियाँ हैं, सारी-की-सारी उनके रिश्तेदारों की देख-रेख में चलाई जा रही हैं। इसी बात को लेकर एक साक्षात्कार में सवाल पूछा गया तो उन्होंने जवाब दिया, "हमारे साथ काम करनेवाले हमारे रिश्तेदार हैं या नहीं, बात वह नहीं है। अगर वे वफादार होकर कठिन परिश्रम करें तो बस वही काफी है। उनकी मेहनत पर ही कंपनी

की लाभ-हानि निर्भर होती है।

"बाहर के लोगों से गलती होगी तो कुछ परवाह नहीं, अगर रिश्तेदारों से गलती होती है तो पूरा परिवार सड़क पर आ जाएगा। इसी बात को लेकर वे और जिम्मेदारी से काम करेंगे।"

एस.एल. बनाम एस्सेल

व्यापार की शुरुआत में उनका साथ देनेवाले भाई लक्ष्मी नारायण थे। सन् 1969 में दोनों ने मिलकर एस.एल. नामक कंपनी प्रारंभ की। इसमें 'एस' सुभाष चंद्रा को, 'एल' लक्ष्मी नारायण को सूचित करता है।

वर्ष 1980 की शुरुआत में सुभाष चंद्रा प्लास्टिक लेमिनेशन ट्यूब तकनीक को भारत में लाए। तब उसका नाम था 'एस्सेल'। यह 'एस.एल.' नाम का ही संक्षिप्त रूप है।

'एस्सेल पैकेजिंग' नाम से शुरू की गई उनकी कंपनी आज 'एस्सेल ग्रुप' नाम से विकसित हो रही है। आज दस से ज्यादा तरह के व्यापार करनेवाली प्रमुख कंपनी है एस्सेल।

शुरुआत में सुभाष ने विदेशी तकनीकी से बनाई गई मशीनों को जैसे-के-तैसे भारत में आयात करके उनके सहकार से प्लास्टिक ट्यूबों का उत्पादन किया। उसके बाद स्वयं उसी व्यवसाय में कूद पड़े।

भारी हानि

लेकिन सुभाष चंद्रा ने जैसा सोचा था, बाजार में वैसा नहीं

हुआ। बाजार में अल्युमिनियम ट्यूबों की माँग अधिक थी। अल्युमिनियम ट्यूबों को मात देकर प्लास्टिक ट्यूबें जनता के बीच में नहीं आ सकीं। इसी वजह से प्लास्टिक ट्यूबों को तैयार करनेवाली कंपनी व उसके कर्मचारी ढीले पड़ते जा रहे थे। दूसरी हार को सुभाष निराशा से देख रहे थे। प्लास्टिक ट्यूबों के व्यापार में उन्हें भारी हानि हुई। एक नहीं, दो नहीं–सुभाष ने लगातार पाँच साल तक कष्ट झेले।

"पैसे बेकार में उड़ा दिए।" कुछ लोग यह कह रहे थे तो कुछ लोग निराश मन से नौकरी से हटने लगे थे।

तब तक उतना मानसिक कष्ट सुभाष ने देखा नहीं था। सोच और चिंतन में उनके सिर के आगे के पूरे बाल सफेद हो गए थे।

ये सफेद बाल उनकी जवानी में आए बुढ़ापे की निशानी के साथ-साथ उनकी व्यावसायिक परेशानियों की भेंट भी हैं।

अब 'बड़ा आदमी' होने पर भी बाल 'डाइंग' करते वक्त उन सफेद बालों को छोड़कर बाकी को रँग डालते हैं सुभाष।

लेकिन इतनी परेशानियों के बीच में वही काम क्यों करना है? साल भर हानि देनेवाले व्यापार को क्यों अपनाना है? उन्हें प्लास्टिक ट्यूबों के अपने व्यापार पर अटल विश्वास था। अपने नाम पर इतिहास बनाने की सोच में बैठे सुभाष ने व्यापार के नाम पर पैसे ज्यादा ही खर्च कर दिए थे।

वर्ष 1988 तक 'एस्सेल पैकेजिंग' कंपनी ज्यादा ही हानि दे रही थी। लेकिन वे टस-से-मस नहीं हुए। अब वे तकनीकी को अधिक नवीनीकरण की ओर ले जाना, उत्पादन को आगे बढ़ाना आदि पर ध्यान केंद्रित करके काम कर रहे थे।

उनकी फैक्टरी के कर्मचारियों व मशीनों को वहाँ काम नहीं था। वे क्या कर सकते थे? 'बाजार में प्लास्टिक ट्यूबों का

आह्वान व माँग तेज होगी,' सुभाष ने तो यही सोच रखा था। उनकी पूरी मेहनत मिट्टी में मिल गई। एस्सेल पैकेजिंग मात्र हानि-ही-हानि दे रही थी।

'हमारा उत्पाद लोगों ने क्यों नहीं खरीदा?' यह न सोचकर 'हमारी तैयारी में कौन सी कमी है?' सुभाष यही सोच रहे थे।

आमतौर पर इन प्लास्टिक ट्यूबों को बड़ी-बड़ी कंपनियाँ, जैसे यूनीलिवर, प्रॉक्टर एंड गेंबल, कोलगेट पामोलिव आदि लेती थीं। इन बड़ी कंपनियों की तुलना में 'एस्सेल पैकेजिंग' कुछ भी नहीं थी। 'उनकी आवश्यकतानुसार गुणवत्ता नियंत्रण है क्या हमारी ट्यूबों में या नहीं?' यही सवाल वे करते थे। सुभाष ने उनकी गुणवत्ता की जाँच करने का आदेश दिया।

अगर 'टूथपेस्ट' में आगे 'लिड' से पेस्ट आए तो ठीक है, पीछे से आए तो कहीं खराबी है। बड़ी कंपनियों को भेजी जानेवाली ट्यूबों की गुणवत्ता की जाँच करके 100 प्रतिशत अच्छी तरह देख लें तो उनकी आसानी से बिक्री होगी। यही काम सुभाष ने करने का निश्चय किया।

खर्च को देखे बिना गुणवत्ता आश्वासन देते हुए ट्यूबों की तैयारी की और बड़ी-बड़ी कंपनियों में जाकर उनका गुणवत्ता प्रदर्शन भी। तभी से उनका व्यवसाय थोड़ा आगे बढ़ने लगा।

मेहनत का फल

वर्ष 1989 की शुरुआत में एस्सेल पैकेजिंग फिर से जोर-शोर से काम करने लगी। पाँच साल में हुई हानि को भूलकर काम करने से लाभ की सुखद लहरें उभरकर आने लगीं। सुभाष उसे अपनी मेहनत का फल सोचकर खुश हुए।

तक तक विज्ञापन के क्षेत्र में टूथ पेस्ट के लिए कीटाणुनाशक, मोती जैसे दाँतों के लिए, मुँह की बदबू को दूर कीजिए आदि

नारों का प्रयोग किया जाता था। लेकिन उसके बाद 'जिंदगी जीने के लिए' आदि नारों से बिक्री होने लगी।

इस परिवर्तन को लानेवाली कंपनी है हिंदुस्तान लीवर और उनका क्लोजअप टूथपेस्ट। उससे प्रतियोगिता करनेवाली कोलगेट-पामोलिव कंपनी ने कोलगेट जेल की शुरुआत की। रंगीन डिजाइनों से ट्यूबों में मिलनेवाली जेल पेस्ट को लोगों के बीच खूब पसंद किया जाने लगा।

सभी को अपनी ओर खींचने, खासकर युवा पीढ़ी को आकर्षित करने के लिए प्लास्टिक ट्यूबें आ गईं, जिनसे अल्युमिनियम की ट्यूबें स्पर्धा नहीं कर सकती थीं। लोगों के मन में आया, यह परिवर्तन ही 'एस्सेल पैकेजिंग' कंपनी की विजय-यात्रा की नींव बना।

यही एकमात्र कंपनी थी, जो प्लास्टिक ट्यूबें तैयार कर रही थी। इसलिए बाजार की सारी बड़ी कंपनियाँ उनके पीछे आ गईं। एक ही साल के अंदर एस्सेल पैकेजिंग 80 प्रतिशत से भी ज्यादा ऑर्डर के साथ लाभ की ओर बढ़ रही थी।

सायरस बगवाड़िया

अब सुभाष व एस्सेल पैकेजिंग के लोग सोचने लगे कि 'कब तक टूथ पेस्टों की ट्यूबों का ही उत्पादन करते रहेंगे? कोई और ट्यूब क्यों नहीं बना सकते?

टूथ पेस्टों के

अलावा दवाएँ (मरहम), ब्यूटी क्रीम आदि की पैकिंग में भी ट्यूबों का इस्तेमाल होता है। उसी को कार्यान्वित किया गया। फलत: सौंदर्य सामग्री और दवाइयों की ट्यूबों के उत्पाद में एस्सेल पैकेजिंग का व्यवसाय उन्नति की ओर त्वरित गति से आगे बढ़ने लगा। देश भर में अपूर्व नेटवर्क और स्तरीय तैयारियाँ की गईं। इसी वजह से भारत में प्लास्टिक लेमिनेशन ट्यूब उत्पादन में एस्सेल पैकेजिंग नंबर वन कंपनी बन गई। लेकिन विदेशों में?

दुनिया भर में सुभाष टूथ पेस्ट, शेविंग क्रीम, दवाएँ, सौंदर्य क्रीम आदि सभी में अपनी प्लास्टिक ट्यूबों को उपयोग में लाना चाहते थे। एक भारतीय कंपनी का विश्व भर में ख्याति प्राप्त करना इतना आसान नहीं था। उसके लिए खूब कोशिश और मेहनत करनी पड़ती है।

नई चुनौतियाँ

लगभग पाँच-छह साल के बाद जब एस्सेल पैकेजिंग ज्यादा लाभ कमाने लगी तो सुभाष का मन नई चुनौतियों की ओर भागने लगा। सुभाष ने एस्सेल पैकेजिंग की जिम्मेदारियाँ एक वरिष्ठ प्रबंधक के हाथों में सौंपकर चुनौतियों की दिशा में जाने का निर्णय लिया। इसके लिए उन्होंने सायरस बगवाड़िया को चुना। उसके पहले वे वोल्टास, डूपांट आदि कंपनियों में काम कर चुके थे। 'सायरस' से मिलकर सुभाष ने उन्हें अपनी कंपनी के संबंध

में बताया। सायरस जैसे बड़े आदमियों को एस्सेल पैकेजिंग में लाना है तो उन्हें अधिक-से-अधिक वेतन देना होगा, क्योंकि कंपनी को 'ग्लोबल' (वैश्विक) कंपनी बनाना हो तो अत्यंत अनुभवी कर्मचारी चाहिए।

सायरस की नियुक्ति के दौरान ही भारतीय बाजार में एस्सेल पैकेजिंग भारत की एक प्रमुख कंपनी बन चुकी थी। उसके अगले पग दुनिया के बाजार की ओर बढ़ रहे थे।

सायरस ने विश्व भर में एस्सेल पैकेजिंग को स्थापित करने के लिए चुनौती भरे स्वर में अपने पद को स्वीकार किया।

उसके बाद सुभाष चंद्रा ने एस्सेल पैकेजिंग कंपनी की ओर से ध्यान हटा लिया। एस्सेल पैकेजिंग ने वर्ष 1993 में मिस्र में पदार्पण किया था। सायरस के नेतृत्व में वह 1997 में चीन, 1999 में जर्मनी, 2000 में नेपाल में स्थापित होकर प्रगति की ओर अग्रसर होती जा रही थी।

पाँच ही सालों में जैसा कहा वैसा ही करके दिखाया सायरस ने। जल्दी ही दुनिया भर की कंपनियों में एस्सेल पैकेजिंग ने दूसरा स्थान बना लिया। विश्व बाजार में 30 से 35 प्रतिशत, मतलब तीसरा स्थान एस्सेल पैकेजिंग का।

उसी साल (सन् 2000 में) विश्व भर में चौथे स्थान पर रहनेवाली बड़ी लेमिनेशन कंपनी, जो स्विट्जरलैंड की प्रोपैक ए. जी. कंपनी थी, को एस्सेल पैकेजिंग ने खरीद लिया। प्रोपैक चीन, इंडोनेशिया, फिलिपींस, वेनेजुएला, कोलंबिया आदि देशों में एक ख्याति प्राप्त कंपनी थी। 60.88 लाख डॉलर के अपने हिस्से के साथ ही 110 लाख डॉलर देकर प्रोपैक कंपनी को एस्सेल पैकेजिंग ने खरीद लिया।

दोनों कंपनियों को एक साथ जोड़कर नई कंपनी 'एस्सेल-प्रोपैक' नाम से मशहूर हुई। इन दोनों कंपनियों की जोड़ी

में 'एस्सेल-प्रोपैक' विश्व भर में नंबर वन लेमिनेशन पैकिंग कंपनी बन गई।

इसके बाद वर्ष 2003 में अमेरिका और उसके बाद इंग्लैंड आदि यूरोपीय देशों में विजय-गाथाएँ सुनने को मिलीं। चीन जैसे कठिन बाजारों में भी इसने विजय पा ली।

इसका एकमात्र कारण सुभाष द्वारा नियुक्त किया गया नया प्रबंधक था, जो प्रत्येक देश की संस्कृति, रहन-सहन, बाजार-भाव को खूब पहचानता था। इसी वजह से विश्व भर में एस्सेल-प्रोपैक ने प्रमुखता पा ली थी। इसी प्रकार 'मात्र ट्यूब ही है', ऐसे सोचे बिना उसमें नई-नई शोध पद्धतियाँ, नवीनीकरणों व नई-नई तकनीकों का प्रयोग करके कंपनी आगे बढ़ रही थी। खास प्लास्टिक का प्रयोग करके अंदर रखी जानेवाली वस्तु को प्रतिबिंबित करनेवाली पारदर्शी ट्यूब, छह रंगों से युक्त ट्यूबें, विभिन्न प्रकार के लिड और कई प्रकार की ट्यूबों का उत्पादन हुआ और होता जा रहा है।

नवीनीकरण से दिन-दिन नएपन, रौनक दिखानेवाली एस्सेल-प्रोपैक से ट्यूब खरीदने की माँग विश्व भर में बढ़ती जा रही थी। लेमिनेशन ट्यूबों के उत्पादन में लाभ कम होने पर भी ट्यूबों की माँग व संख्या बढ़ने के कारण कंपनी प्रगति की ओर जा रही थी।

आज सुभाष चंद्रा के एस्सेल परिवार में एस्सेल-प्रोपैक एक विशिष्ट अंग है। 12 देशों में 23 कंपनियाँ चलानेवाली यह कंपनी विश्व भर में पहला स्थान बनाए हुए आज तक निराली बनकर बैठी है। लेकिन इस सबको हम सुभाष की विजय-गाथा के रूप में नहीं ले सकते हैं। एस्सेल पैकेजिंग भारत में शुरू होकर विश्व भर में व्याप्त होने के दौरान सुभाष चंद्रा क्या कर रहे थे?

❑

5

एस्सेल वर्ल्ड

''कुछ लोग मीडिया क्षेत्र में पूँजी बाजार का खेल खेल रहे हैं। उनके शेयरों की कीमत सौ गुना तक बढ़ जाती है, जैसे ही वे इस क्षेत्र में निवेश करते हैं। कुछ लोगों के लिए उनके मालिक उनसे हजारों मील दूर बैठे होते हैं और वे साबित करते हैं कि अच्छा काम कर रहे हैं। उनका उद्‌देश्य अलग होता है।''

सुभाष चंद्रा चीजों को गौर से देखने के आदी हैं। इसी से उन्हें नए उद्यम का आइडिया मिलता है। कहीं भी, कभी भी विदेशी यात्रा करेंगे तो हवाई अड्‌डे में, सड़क पर, कार्यालय में, निवास-स्थान पर, यात्रा-स्थलों पर पूरी लगन के साथ चीजों को देखते हैं, सुनते हैं।

वहाँ कौन-कौन सी चीजें हैं? जनता की मनपसंद चीजें क्या-क्या हैं? इन चीजों की बिक्री हमारे यहाँ होती है या नहीं? इन सबकी उधेड़-बुन उनके व्यावसायिक दिमाग में सदा चलती रहती है। उन्होंने विलायत में 'एम्यूजमेंट पार्क' देखा, उसका आनंद लिया और उसे विलायत से यहाँ ले आए।

तब तक भारत में पार्क का मतलब था बच्चों के खेलने की जगह या प्रेमी-प्रेमिका का मिलन-स्थल। आमतौर पर भारत में बने पार्कों की जगह पर सुभाष एकदम अनूठे विषय को भारत में प्रवेश कराना चाहते थे। उनकी कल्पना के अनुसार, जो नया पार्क बनेगा, उसमें जाकर परिवार के सारे लोग–बच्चे से लेकर बूढ़े तक–उल्लास से, खुशी से उत्सव मना सकते हैं।

विलायत में ऐसे पार्कों की अलग विशिष्ट पहचान होती है। इसलिए डिज्नीलैंड जैसे पार्कों ने जनता के मन में अपना स्थान बना लिया है। उन पार्कों (उद्यानों) के अंदर जाने के बाद उम्र ही याद नहीं रहती। वहाँ बुजुर्ग भी बच्चे बन जाते हैं। समय ऐसे बीत जाता है कि किसी को समय का खयाल ही नहीं रहता।

ऐसा नया-नया पार्क अगर भारत में शुरू किया जाए तो अवश्य लोगों की भीड़ उमड़ पड़ेगी और लोगों का मनोरंजन भी होगा। इसी दृष्टि से उन्होंने मुंबई के पास की 'गोराई गाँव' नामक जगह को चुना।

एम्यूजमेंट पार्क

सन् 1980 की शुरुआत में सुभाष ने रूस को अनाज निर्यात करके कमाए धन से यहाँ गोराई गाँव में 800 एकड़ जमीन खरीद ली थी। उसी के एक हिस्से में सुभाष ने एम्यूजमेंट पार्क बनाने का निर्णय लिया।

इसके लिए सुभाष ने एक अलग संस्था खोली, जिसका नाम था–पैन इंडिया पर्यटन। सुभाष चंद्रा की नई संस्था की शुरुआत लगभग 64 एकड़ भूमि पर हुई। एम्यूजमेंट पार्क का नाम 'एस्सेल वर्ल्ड' रखा गया।

सुभाष चंद्रा की इच्छा एस्सेल वर्ल्ड को और सुंदर बनाने की थी। लेकिन उस जमाने में निजी पार्कों के लिए कोई खास नियम सरकार ने स्पष्ट रूप से लागू नहीं किए थे। कितनी ही बार चिट्ठी लिखने पर भी अनुमति मिलना दूभर हो गया था। अंत में उन्होंने अपनी इच्छानुसार छोटे से आकार में कम बजट

में एस्सेल वर्ल्ड का निर्माण किया।

वर्ष 1989 में एस्सेल वर्ल्ड लोगों के लिए खुल गया। सुभाष ने सोचा कि यह भारतीय परिवारों में एक नए अध्याय की शुरुआत होगी। शुरुआत में ही लोगों के बीच एस्सेल वर्ल्ड ने एक जगह बना ली। मुंबई से यहाँ पहुँचने में 2-3 घंटे लगते थे।

पहले-पहल अति उत्सुकता से लोगों की भीड़ आने लगी थी। आनेवाले परिवारों को कैसे संतुष्ट करें, उसी दृष्टि से कंपनी के कर्मचारियों ने लगन के साथ काम किया। दिन-ब-दिन लोगों की मानसिक स्थिति में बदलाव आता गया।

आमतौर पर एम्यूजमेंट पार्क शहर से बाहर ही होते हैं, क्योंकि शहर के बीच अगर उतनी खाली जगह होती है तो बिल्डर फ्लैट बनाकर बेच देते हैं। लेकिन भारतीय जनता की सोच अलग थी। इतना सफर करके कौन जाएगा उतनी दूर, इसी सोच के साथ भीड़ कम होने लगी।

अगर जन-सम्मान नहीं हो तो कितना भी बड़ा पार्क बनाने का क्या लाभ? सुभाष उसमें नए-नए आकर्षण, नए-नए आयाम जोड़ना चाहते थे। उसके लिए सरकार से मुश्किल से अनुमति मिलती थी। विज्ञापन देकर और नए-नए उपकरण लाकर भी लोगों का ध्यान उसकी ओर नहीं गया। फलतः एस्सेल वर्ल्ड को भारी नुकसान होने लगा।

सुभाष बहुत चिंतित हुए और अपने सुनहरे स्वप्न 'एस्सेल वर्ल्ड' को भाइयों में से एक के हाथों सौंपकर नए व्यापार की खोज में निकल पड़े।

जनता अगर मनोरंजन के लिए इतनी दूर नहीं आ सकती तो मनोरंजन को ही उनके पास, उनके घरों में ले जाएँ तो कैसा रहेगा?

सुभाष जब इस दृष्टिकोण से सोचने लगे तो उनके जीवन में एक नया परिवर्तन आया। इसी दौरान मंडल कमीशन की घोषणा

हुई। इसी के साथ झगड़े, संघर्ष, मंडल कमीशन के आधार पर जातिगत, वर्गगत संघर्ष शुरू हो गया था।

इन्हें देखकर सुभाष बहुत दुखी हुए। मनुष्यों के बीच में भिन्नता पैदा करना सुभाष को बिलकुल पसंद नहीं। तभी उन्होंने सोचा कि जातिगत, वर्गगत भेदभाव के खिलाफ कुछ करना होगा। इसलिए उसी समय उन्होंने अपने नाम के पीछे लिखा जानेवाला परिवार का नाम गोयल, गोयनका को हटाकर मात्र 'सुभाष चंद्रा' लिखना शुरू कर दिया। यह उनकी राष्ट्रीय एकता का निदर्शन है। उनके मन में हमेशा भाईचारे का यही भाव बना रहता है कि हम सब भारतीय हैं।

भारी हानि पहुँचानेवाले 'एस्सेल वर्ल्ड' के बाद और आगे क्या करना है, यह सोच उन्हें व्यथित करने लगी।

❑

6

उपग्रह टेलीविजन चैनल

''उन लोगों, जो भारतीय रिजर्व बैंक और नॉर्थ ब्लॉक में बैठे हुए हैं, की सोच में बदलाव लाने की तत्काल जरूरत है। घाटा नियंत्रण की परंपरागत सोच बदलनी चाहिए। पूँजी-विस्तार के कारण होनेवाले घाटे की हमें चिंता नहीं करनी चाहिए।''

वर्ष 1990 के आस-पास भारत में निजी चैनल चलाने की अनुमति नहीं थी या किसी ने अनुमति माँगी ही नहीं थी। सरकार का एकमात्र चैनल 'दूरदर्शन' था। तब दूरदर्शन का मतलब था—पुराने कार्यक्रम और पुराने विषय। जनता की मनपसंद नई फिल्में या मनोरंजक कार्यक्रम उस पर कम ही देखने को मिलते थे। इस कमी की पूर्ति हम करें तो क्या होगा? सुभाष चंद्रा सोचने लगे।

जनता दूरदर्शन के कौन से कार्यक्रमों के इंतजार में बैठी है? उन कार्यक्रमों को खुद तैयार करके प्रस्तुत करेंगे तो क्या होगा? सुभाष के पास तब धन नहीं था। अपनी ओर से एक टी.वी. चैनल की शुरुआत करने की समझ भी उन्हें तब नहीं थी।

वे शुरू में 'चलती-फिरती वीडियो वैन' का निर्माण करने

की सोच में थे। भारत में, खासकर गाँवों में, इन चलती-फिरती वीडियो वैनों की माँग ज्यादा होती है—ऐसा ही कुछ उन्होंने सोचा था।

ये वैन जनता के मनपसंद कार्यक्रम दिखाते हुए जगह-जगह घूमेंगी और लोग भी शुल्क देकर उनका पूरा लाभ उठाएँगे।

अच्छी सोच थी। लेकिन उसे साकार करने में बहुत सी कठिनाइयों का सामना करना पड़ेगा। इसलिए उस सोच को छोड़कर सुभाष और आगे कुछ नई बातें सोचने लगे।

क्या होता है उपग्रह चैनल?

इसी दौरान सुभाष के एक दोस्त ने कहा, "भारत में मनोरंजन का पूरा लाभ सेटैलाइट (उपग्रह) चैनल ही उठाएँगे। कुछ ही सालों में सरकारी चैनल गायब हो जाएँगे और जनता केवल उपग्रह चैनलों को ही· देखेगी।"

"उपग्रह चैनल? वह क्या होता है?" सुभाष ने नादानी से पूछा था।

वह दोस्त विस्मय से सुभाष को देखने लगा, "इस युग में रहकर उपग्रह चैनल की जानकारी नहीं है?"

सच में सुभाष को उसकी जानकारी नहीं थी। इस बातचीत के बाद ही वे उसके बारे में पूछताछ करने लगे। तब तक भारत में सारे कार्यक्रमों को प्रसारित करनेवाला एकमात्र चैनल दूरदर्शन ही था, जो तलीय प्रसारण तकनीक से अपने कार्यक्रम प्रसारित करता था।

उसके अलावा 'सेटैलाइट' उपग्रह कहलानेवाले कृत्रिम उपग्रहों की मदद से कुछ विलायती टेलीविजन कंपनियाँ भारत में अपने प्रसारण कार्यक्रम शुरू किए बैठी थीं। उन्हें उपग्रह चैनल कहते थे।

सन् 1991 में अमेरिका व इराक में छिड़े युद्ध की घटनाएँ सी.एन.एन. टी.वी. के जरिए हमारे घरों में पहुँच गईं। उन्हें देखकर विचलित हुए सुभाष ने उपग्रह चैनलों की महिमा तभी जानी थी।

लगभग उसी समय भारत में एशिया के प्रथम चैनल 'स्टार टी.वी.' ने अपना प्रसारण शुरू किया। एकदम नए विषयों के साथ पहले किसी ने वैसा प्रसारण नहीं किया था। स्तरीय कार्यक्रमों को भारतीय दर्शकों को स्टार टी.वी. द्वारा देखने का सुअवसर मिला था।

लेकिन स्टार टी.वी. में जितने भी कार्यक्रम आते थे, वे सब अंग्रेजी भाषा से संबंधित थे। जिनकी संस्कृति भी हमारी नहीं तो हम उन्हें कैसे अपनाएँ और स्वाद उठाएँ?

इसी सवाल ने सुभाष चंद्रा के मन में पैदा होकर कई नए-नए विचार, नई-नई सोचों को जन्म दिया। उपग्रह चैनल का इस्तेमाल यदि हम स्थानीय कार्यक्रमों के प्रसारण में करें तो उनका असर जनता पर क्या होगा?

तभी उनके एक दोस्त, जो मुंबई दूरदर्शन में काम करते थे, से मिलने सुभाष को मुंबई दूरदर्शन केंद्र में जाने का मौका मिला। अकस्मात् उनसे मिलने गए सुभाष को कई सूचनाएँ व जानकारियाँ

मिलीं, जिनसे उनके मन में उठे सारे सवालों के जवाब मिल गए। उन्होंने जान लिया कि भारतीय चैनल के लिए बहुत से सुनहरे मौके हैं। उनके मन में कई प्रश्न उठने लगे।

अपने लिए एक टी.वी. चैनल, 'बोर' करनेवाले दूरदर्शन से बचने के लिए! जनता के अपने मनपसंद कार्यक्रमों के लिए! मनोरंजन कार्यक्रमों उनकी इच्छानुसार देनेवाला एक निजी चैनल—अपनी भाषा में, अपनी संस्कृति के आधार पर, अपनों के लिए!

कल्पना ठीक है। हकीकत में चलेगा क्या? एक नया चैनल खोलना हो तो कितना खर्च होगा? लोगों की मनोरंजनप्रियता पर भरोसा रखकर इस धंधे में कूद सकते हैं? पर्याप्त लाभ मिलेगा?

इसके पहले व्यापार में कई ठोकरें खाकर आहत हुए सुभाष चंद्रा को बिना अनुभव इस क्षेत्र में कूदना इतना अच्छा नहीं लगा। वे कोई और अच्छा अवसर खोजने लगे।

लगभग उसी समय (जनवरी 1992 में) भारत में मोबाइल फोन सेवाओं के लिए आवेदन-पत्र माँगे जा रहे थे। दिल्ली, मुंबई, कोलकाता, चेन्नई आदि प्रमुख शहरों में अपनी सेवाएँ देने के लिए निजी संस्थाओं को सरकार ने मौका दिया था।

सेटैलाइट चैनल की तरह उस समय मोबाइल फोन सेवा के लिए होड़ मची थी। उसमें भी प्रगति की अपार संभावनाएँ थीं।

अभी क्या करना है? मोबाइल या टी.वी. चैनल? दोनों में से किसी एक की शुरुआत करनी है? जवाब ढूँढ़ते हुए सुभाष दुविधा में बैठे थे। सच में, दोनों व्यापार उन्हें पसंद थे, इसलिए दोनों को एक साथ शुरू करने की बात सोच रहे थे।

लेकिन अनुभव के बिना कोई भी व्यापार करना खतरे से खाली नहीं था। साथ ही व्यापार में किसी दूसरे पर भरोसा नहीं

कर सकते थे। इसलिए या तो मोबाइल को या टी.वी. को चुनना, उसमें पूरी लगन के साथ काम करना—यही सलाह दोस्तों ने दी।

इन दोनों विभागों से संबंधित विशेषज्ञों के साथ विचार-विमर्श करके अंत में टी.वी. चैनल को ही सुभाष ने चुन लिया। टी.वी. चैनल हो तो कैसा और कौन सी भाषा में? भारत भर में कश्मीर से कन्याकुमारी तक कितनी भाषाएँ बोली जाती हैं? इनमें से कौन सी भाषा चुननी है?

हिंदी भाषा में उपग्रह चैनल

सुभाष चंद्रा ने जल्दी ही निर्णय ले लिया। उनका उपग्रह चैनल हिंदी भाषा में शुरू होगा और पूर्ण मनोरंजन का साधन होगा। क्योंकि सुभाष चंद्रा खुद ही सिनेमा-प्रिय थे। अपने मनपसंद सिनेमा, गाने आदि बार-बार टी.वी. में देखकर खुशी पाने की तड़प उनके अंदर थी।

यही तड़प भारत भर के दर्शकों के अंदर भी होगी। उनकी चाहतों के अनुसार, उनकी आशाओं की पूर्ति करते हुए एक टी. वी. चैनल—एक मनोरंजक निजी चैनल को वे चलाना चाहते थे, वह भी मात्र मनोरंजन का एक साधन होगा। इसलिए उन्होंने टी. वी. चैनल खोलने का फैसला कर लिया। उस क्षेत्र में थोड़ा सा अनुभव न होने पर भी वे अपना पूरा परिश्रम लगाकर लड़ने के लिए तैयार हो गए।

सेटैलाइट (उपग्रह) के माध्यम से कार्यक्रमों को देखकर आनंद उठाने वाले भारतीय दर्शकों का निजी चैनल द्वारा अपनी भाषा में कार्यक्रमों को देखना होटल के खाने से बचकर घर का खाना खाने जैसा मजा होगा। इसलिए भारतीय दर्शक जरूर इसे सहर्ष अपनाएँगे और विज्ञापन एक के बाद एक इकट्ठे होकर आएँगे। खूब लाभ होगा।

रिचर्ड-ली और ली-काशिंग

वह सब ठीक है, लेकिन नए चैनल के प्रसारण के लिए एक उपग्रह (सेटेलाइट) चाहिए? उसके लिए कहाँ जाएँ? सौभाग्यवश सेटेलाइट चैनल शुरू करनेवाले व्यक्ति को उपग्रह खरीदना नहीं पड़ता। वह कृत्रिम उपग्रह की मदद से (उसका किराया देकर) उसके द्वारा कार्यक्रमों को प्रसारित कर सकता है।

आज के हालात और तकनीकी प्रगति अद्‌भुत है। लेकिन उस समय थोड़े से उपग्रह ये सेवाएँ देते थे। उनके द्वारा प्रसारित होनेवाले कार्यक्रमों का स्तर भी अपेक्षाकृत घटिया था।

सुभाष चंद्रा अपने नए चैनल के लिए एक उपग्रह की खोज में थे। आसपास के देशों में पूछताछ करने पर उन्हें 'एशिया सैट' नामक एक कंपनी के बारे में पता चला। एशिया का प्रथम कृत्रिम उपग्रह 'एशिया सैट' कंपनी का ही था। उन्हें मना लिया तो बस सुभाष चंद्रा के सारे सपने साकार हो जाएँगे।

सुभाष चंद्रा बड़े उत्साह के साथ पूछताछ करने लगे। इधर-उधर सूचनाओं को लेकर आखिर 'एशिया सैट' कंपनी के अध्यक्ष से मिले। तब वे छुट्टियाँ मना रहे थे। उन्होंने दूसरी कंपनी की ओर इशारा किया।

उस कंपनी का नाम 'सेटैलाइट टेलीविजन फॉर दि एशियन रीजन' था, जिसे संक्षेप में 'स्टार' कहते थे; वही जो भारत में स्टार टी.वी. के रूप में नाम कमा रही थी। भारत भर के सारे कृत्रिम उपग्रहों को यही स्टार कंपनी अपने कब्जे में किए हुए थी।

इसलिए यदि कृत्रिम उपग्रह द्वारा सुभाष चंद्रा अपने टी.वी. चैनल का प्रसारण चाहते हैं तो एक ही मार्ग बचा था कि स्टार कंपनी के अधिकारियों की अनुमति लें और उनके सेटैलाइट के साथ अपना उपग्रह चैनल जुड़वाकर काम चलाएँ।

सुभाष चंद्रा ने तुरंत हांगकांग से चलनेवाली स्टार कंपनी से संपर्क किया और उसके मालिक से मिलने का समय माँगा। अपना परिचय देते हुए सुभाष ने फोन पर कहा, "मैं भारत से बोल रहा हूँ। मेरा नाम सुभाष चंद्रा है।"

भारत का नाम सुनते ही स्टार कंपनी के कर्मचारियों के उत्साह ठंडे पड़ गए। भारत से बोलनेवाला कोई विशिष्ट व्यक्ति तो नहीं हो सकता था, इसी सोच के कारण सुभाष का फोन कभी भी रिसेप्शनिस्ट को पार करके आगे नहीं बढ़ा। अगर फोन आगे किसी ने उठाया तो भी 'मैं देख लूँगा' कहकर रख दिया गया।

लेकिन सुभाष ने हार नहीं मानी, बार-बार वही नंबर घुमाते रहे। वे रख देते थे। लेकिन अनुनय-विनय करके बार-बार पूछने लगे। अंत में उनकी कोशिश रंग लाई। स्टार कंपनी के मालिक रिचर्ड-ली से सीधे मिलने का अवसर उन्हें मिल गया।

'स्टार' के रिचर्ड-ली से मुलाकात

रिचर्ड-ली के पिता हांगकांग में ख्याति प्राप्त पूँजीपतियों व उद्योगपतियों में से एक थे। उनका नाम ली-काशिंग था–दुनिया भर

के श्रेष्ठ चीनी अमीर परिवार के सदस्यों में से एक। उन्हें एशिया के शक्तिशाली लोगों की सूची में प्रथम स्थान देकर 'एशिया वीक' पत्रिका ने गौरवान्वित किया था।

'हच' नाम से भारत भर में प्रसिद्ध मोबाइल फोन कंपनी के वे मालिक थे। हचिंसन द्वारा एस.आर. कंपनी के साथ जुड़कर 'हच' कंपनी की शुरुआत उन्होंने ही की थी। बाद में अत्यंत ख्याति प्राप्त करने के बाद उसे वोडाफोन कंपनी को बेच दिया था।

'हच' की तरह दुनिया भर में कई उद्योगों, रियल एस्टेट आदि को उन्होंने शुरुआती पूँजी दी थी। उनमें से कई उनके लिए स्थायी लाभ देनेवाली संस्थाएँ थीं।

ली-काशिंग के बेटे रिचर्ड-ली की उम्र तब 25 वर्ष थी। उन्हें भी व्यापार के प्रति बहुत लगाव था। लेकिन पिता के व्यापार का अंधानुकरण किए बिना वे अपने लिए एक अलग पहचान चाहते थे, इसलिए उन्होंने अपने लिए मीडिया क्षेत्र का चयन किया।

पिता से वित्तीय सहायता प्राप्त कर रिचर्ड-ली ने 'स्टार' कंपनी की शुरुआत की। उस कंपनी के पूरे स्वामित्व ली-काशिंग ने अपने बेटे रिचर्ड-ली को सौंप दिए थे।

वर्ष 1990 में शुरू हुई कंपनी ही स्टार टी.वी. है, जो एशिया का प्रथम उपग्रह चैनल है। उसके श्रीगणेशकर्ता रिचर्ड-ली ही थे। सन् 1991 के अंत में सुभाष चंद्रा रिचर्ड-ली से जब मिलने गए तब 'स्टार' की उम्र एक या दो साल ही थी। लेकिन वह एशिया की एक प्रमुख मीडिया कंपनियों में एक होकर आगे चल रही थी।

सुभाष की योजना थी कि वे और 'स्टार' दोनों मिलकर भारत में हिंदी का एक मनोरंजक चैनल चलाएँगे। उनके लिए आवश्यक कार्यक्रमों की तैयारियाँ, मार्केटिंग, विज्ञापन ढूँढ़ना आदि सुभाष की जिम्मेदारी होगी। लेकिन उन कार्यक्रमों को उपग्रह द्वारा प्रसारण करना 'स्टार' का दायित्व होगा। लाभ में दोनों समभागी रहेंगे।

लेकिन उनकी सोच के अनुसार रिचर्ड-ली से मिलना इतना आसान नहीं था। एक बड़े कक्ष में सुभाष चंद्रा को लंबी प्रतीक्षा करनी पड़ी। बाद में एक भीड़ आई। भीड़ के बीच में रिचर्ड-ली दिखाई पड़े। उस भीड़ में से एक ने रिचर्ड-ली को सुभाष से मिलाते हुए कहा, "ये भारत से आप से मिलने आए हैं।"

"ये हमारे साथ मिलकर भारत में स्थानीय भाषा का एक टी. वी. चैनल शुरू करना चाहते हैं।"

"भारत," रिचर्ड-ली लापरवाही से भौंहें चढ़ाकर निर्लक्ष्य भाव से बोले, "उस देश में पैसे कहाँ? भारत में टी.वी. चैनल शुरू करने की मेरी कोई इच्छा नहीं है।"

पहले सुभाष उनसे अकेले में मिलने को उत्सुक थे, लेकिन अब उनका लापरवाही भरा जवाब सुनकर वे खिन्न हो गए।

रिचर्ड-ली अपने सामने खड़े सुभाष को ऊपर से नीचे देखकर बोले, "चाहें तो आपके नए चैनल के प्रसारण के लिए हमारा उपग्रह किराए पर ले लीजिए।"

"बस, वह काफी है।" सुभाष ने उत्सुकता से जवाब दिया, अगले मिनट रिचर्ड-ली सीधे व्यापार की बातें करने लगे।

"उपग्रह का किराया कितना देंगे?"

"इसके संबंध में पहले ही आपके अधिकारियों से बात हो गई है। उन्होंने बताया कि साल भर के 10.25 लाख डॉलर देने हैं।"

"वह काफी नहीं।" आगे बोले रिचर्ड-ली, "50 लाख डॉलर। उससे एक सेंट भी कम होने पर आप बाहर जा सकते हैं।"

उस जमाने में 50 लाख डॉलर का मतलब 5-6 करोड़ रुपए से ज्यादा था। इतने पैसे किराए के रूप में सेटैलाइट के लिए दे देंगे तो आगे धंधा कैसे चलाएँगे? चैनल से उतनी आमदनी नहीं हुई तो क्या करेंगे?

सुभाष अचंभे से रिचर्ड को देख रहे थे। अंदर-ही-अंदर सैकड़ों

हिसाब-किताब चल रहे थे। थोड़ी देर सोचकर उन्होंने स्वीकृति दी, "ठीक है, 50 लाख डॉलर किराया देने के लिए मैं तैयार हूँ।" (बाद में अपने निर्णय को 'पागलपन से किया गया काम' जैसा मानते हैं सुभाष। लेकिन उस समय उसके अलावा और कोई उपाय नहीं था।)

"लेकिन एक शर्त पर।"

रिचर्ड-ली ने पूछा, "कैसी शर्त?"

"उससे संबंधित कागजात पर अभी, यहीं हस्ताक्षर करने होंगे, तभी मैं मानूँगा।"

सुभाष चंद्रा की बात सुनकर रिचर्ड-ली एकदम आश्चर्यचकित हो गए। उनके मन में कितने ही विचार उठने लगे। 'इसके पास 50 लाख डॉलर होंगे? सच में इतना किराया दे सकता है या गच्चा देकर गायब हो जाएगा? क्यों आज ही हस्ताक्षर करने की बात कह रहा है?'

फिर सुभाष को ऊपर से नीचे तक देखकर विषय की गंभीरता को पहचाने बिना, सुभाष से बिना कुछ बोले रिचर्ड-ली बाहर चले गए।

❑

7

मेहनत रंग लाई

"मंदी हमारे दिमाग की उपज है। जिस समय आप उदास महसूस करना शुरू करते हैं, आपकी सोच में परिवर्तन होना शुरू हो जाता है। भारत में मंदी के पीछे यही सोच मूल रूप से जिम्मेदार रही है, और कुछ विदेशी पैसा भी पूँजी बाजार से बाहर चले जाने के कारण मंदी का प्रभाव पड़ा।"

रिचर्ड ली से मुलाकात के दौरान हांगकांग में सुभाष के साथ निराशाजनक घटनाएँ घटीं। नया हिंदी चैनल शुरू करने में स्टार कंपनी के मालिक रिचर्ड ली ने थोड़ी भी दिलचस्पी नहीं दिखाई। लेकिन रिचर्ड ली की अस्वीकृति ने सुभाष चंद्रा को हताश नहीं किया। वे एक निजी चैनल खोलना चाहते थे और अपने निर्णय पर अटल व अडिग थे।

दुनिया भर में एक ही सेटेलाइट है क्या? रिचर्ड ली नहीं तो कोई और सही। वे सेटेलाइट की खोज में जुटे रहे। रूस में एक उपग्रह किराए पर मिलेगा, उन्हें खबर मिली। उसकी पूछताछ करने लगे।

उसी समय 'स्टार' कंपनी के स्वामी रिचर्ड ली एक और

हिसाब लगाकर देख रहे थे। सुभाष चंद्रा को पहली बार जब रिचर्ड ली ने देखा, तब उनके साथ मिलकर काम करना है या नहीं, वे कोई निर्णय नहीं ले सके। उस असमंजस के कारण कुछ बताए बिना रिचर्ड ली हॉल से बाहर निकल गए थे।

उसके बाद उनका व्यवसायी दिमाग जाग उठा। अगर भारत में एक उपग्रह चैनल शुरू करें तो लाभ मिलेगा। उस अवसर को क्यों छोड़ दिया जाए?

कौन है सुभाष चंद्रा?

यह सोचकर तुरंत उन्होंने अपनी टीम के सदस्यों को बुलाया और पूछताछ करने लगे, "कौन है यह सुभाष चंद्रा? उसकी पूरी जानकारी मुझे चाहिए।"

रिचर्ड ली की टीम सुभाष चंद्रा, उनके व्यवसाय व कंपनियों से संबंधित सूचनाएँ जुटाने लगी और यह भी ढूँढ़ने लगी कि सुभाष का मीडिया में कोई पूर्वानुभव है या नहीं?

नहीं। सुभाष चंद्रा को चावल-दाल के व्यापार व प्लास्टिक ट्यूब निर्माण आदि का ही अनुभव है। मीडिया से संबंधित जरा भी अनुभव नहीं है।

ये सारी जानकारी प्राप्त कर स्टार के अधिकारीगण बहुत अचंभित हुए। हाय! अनजाने में भी सुभाष से मिलकर व्यवसाय नहीं करना। उन्हें टी.वी. चैनल क्या होता है, यह तक नहीं मालूम। ख्वाब नहीं देखना। उनपर भरोसा रखकर हम मैदान में उतरेंगे तो दिवालिया हो जाएँगे।

रिचर्ड ली को अपेक्षित जवाब मिला। पहले से ही उनको सुभाष पर भरोसा नहीं था। ठीक है, सुभाष नहीं तो क्या हुआ, भारत में कोई और उपग्रह चैनल शुरू करेगा तो वह हमारी मदद करेगा।

उस समय भारतीय दर्शकों के लिए अलग से उपग्रह चैनल एक भी नहीं था, इसलिए ज्यादातर लोगों का इस क्षेत्र में कूदने का मन था। खासकर देश के प्रमुख समाचार समूह अलग से चैनल खोलने की बात सोच रहे थे।

खबर मिलते ही रिचर्ड-ली उत्सुक हो गए। यह एक सुनहरा अवसर है। तुरंत उन समाचार-पत्रों या कंपनियों से सीधे मिलकर बात करने से कोई-न-कोई उनके सेटैलाइट को अच्छा किराया देकर ले लेगा, यही सोच उनके मन में आई।

रिचर्ड ली भारत में

तब 'स्टार' कंपनी अपने सेटैलाइट प्रसारण के लिए ज्यादा खर्च कर रही थी। उनसे मिलनेवाले किराए से वे इन खर्चों को कम कर सकते थे, यही प्रणाली थी ली परिवार की। इसके लिए रिचर्ड ली अप्रैल 1992 में भारत आए। क्या-क्या कार्य कब करना है, एकदम यंत्र-प्रणाली रचकर वे कार्य करते थे।

वैसे भारत में 'स्टार' टेलीविजन की ख्याति भी अधिक थी, इसलिए रिचर्ड-ली से भारत के कई उद्योगपतियों ने बड़े चाव से

भेंट की। रिचर्ड ली की डायरी तारीखों से भर गई।

टाइम्स ऑफ इंडिया, हिंदुस्तान टाइम्स, संडे मेल, बॉम्बे डाइंग आदि प्रमुख कंपनियों के प्रमुख व्यक्तियों से उनकी मुलाकात हुई। रिचर्ड ली ने सभी लोगों से एक ही प्रकार का प्रश्न किया था, "भारत में आप एक उपग्रह चैनल शुरू करना चाहते हैं क्या? आपके लिए आवश्यक उपग्रह समय हम देंगे? साल भर में उसके लिए किराया कितने डॉलर देंगे?"

उनके सीधे ऐसे पूछने पर सभी लोग अवाक् रह गए। लोग 'स्टार' के मालिक से मिलने आए, लेकिन वह उनके सिर पर उपग्रह का बोझ लाद रहा था! सभी विस्मित थे।

वास्तव में वे सभी लोग एक निजी चैनल खोलने की चाह में वहाँ आए थे, लेकिन उनसे लाभ होगा या नहीं, यही प्रश्न उनके मन में था।

इसी वजह से किसी ने रिचर्ड ली को ठीक जवाब नहीं दिया। 'उपग्रह लेने की सोचते तो हैं, पर बाद में देखेंगे,' यह बोलते हुए सब किनारा कर गए।

उनमें से टाइम्स ऑफ इंडिया को दो-तीन टी.वी. कार्यक्रम तैयार करने का अनुभव था। उस समय वे 'खुद हम ही एक चैनल शुरू क्यों न करें', इस पर गंभीरता से सोच रहे थे।

"जरूर शुरू कर सकते हैं।" उनके हौसले को बढ़ाते हुए रिचर्ड ली ने कहा। "लेकिन भाड़ा?" टाइम्स ऑफ इंडिया लंबी सोच के बाद 10 लाख डॉलर वार्षिक भाड़े के रूप में देने को तैयार हुआ।

रिचर्ड ली काफी हताश हो गए। जब सुभाष चंद्रा ने 50 लाख कहा था, तभी उनका मन नहीं माना था। लेकिन ये लोग तो 10 लाख से ज्यादा देने को राजी ही नहीं थे। तब उन्हें सुभाष की याद आई। 'कौन है वह? कोई बड़ा उद्योगपति भी उतना देने

को तैयार नहीं है। लेकिन उसने दूसरी कंपनियों से ज्यादा 50 लाख डॉलर देने की बात की थी। इसका मतलब क्या है?'

'इन सबसे ज्यादा उन्हें उपग्रह चैनल का महत्त्व व उपयोगिता मालूम है।'

'करोड़ों देकर भी विज्ञापनों से फिर कमाने का अदम्य आत्मविश्वास है उनमें।'

भारत की अन्य कंपनियों में उतना आत्मविश्वास नहीं दिखाई पड़ा। सभी लोग 'शुरू करें या नहीं', इसी उधेड़-बुन में थे। इन सबसे सुभाष चंद्रा सौ गुना बेहतर हैं।

रिचर्ड ली द्वारा भूल-सुधार

कुछ महीने पूर्व सुभाष चंद्रा को मना करके वापस लौटानेवाले रिचर्ड ली अब खुद उनसे मिलना चाहते थे। सुभाष चंद्रा ने इस बारे में सोचा तक नहीं कि उनमें वह परिवर्तन कैसे आया? लेकिन उस अवसर को वे किसी भी स्थिति में छोड़ना नहीं चाहते थे।

रिचर्ड ली ने इस बार सुभाष से विनम्रता से पूछा, "आप कौन हैं? क्या करते हैं?"

सुभाष को मालूम हो गया कि वे उनके अनुभव की गहराई पर हाथ डाल रहे हैं। इसलिए वे रिचर्ड ली को अपने एस्सेल पैकेजिंग कारखाने में लेकर गए।

तब उसकी ख्याति गगनचुंबी थी। विश्व-प्रसिद्ध बड़ी-बड़ी कंपनियाँ उसकी ग्राहक थीं। यह देखकर 'ली' को विश्वास हो गया कि उनके पास कुछ विशेषता जरूर है, वरना इतनी बड़ी कंपनियाँ उनके साथ व्यापार नहीं करतीं।

सुभाष चंद्रा से बात करने के बाद व्यापार के प्रति उनकी कर्मठता, कोशिशें, लक्ष्य आदि को जानते व सुनते रिचर्ड ली का

मन बदल गया। उन्होंने उनके साथ मिलकर व्यापार करने की बात मान ली।

बस, सुभाष चंद्रा के टी. वी. चैनल संबंधी रुकावटें, अवरोध आदि छू-मंतर हो गए। उनके कार्यक्रमों को प्रसारण के लिए एक उपग्रह (सेटैलाइट) मिल गया।

लेकिन एक नया सेटैलाइट चैनल शुरू करना आसान बात नहीं थी। 50 लाख डॉलर यानी करीब 20 करोड़ रुपए देकर सेटैलाइट खरीदें तो काफी है क्या? प्रसारण के लिए आवश्यक उपकरण, रिकॉर्डिंग, अभिनेता, उनके लिए वेतन, मार्केटिंग, विज्ञापन-कितने खर्च थे? उन सबके लिए भी धन चाहिए न।

उस समय उतना धन सुभाष के पास नहीं था, इसलिए वे अपने ऊपर भरोसा करके पैसे देनेवाले बाहरी पूँजीपतियों की खोज करने लगे। ऐसे पूँजीपतियों को अंग्रेजी में 'एंजेल इन्वेस्टर' कहा जाता है। ये लोग अपने संचित धन को नया व्यापार शुरू करनेवालों को पूँजी के रूप में देते हैं। बदले में अपने ग्राहकों को प्राप्त होनेवाले लाभ

से कई गुना मुनाफा कमा लेते हैं।

सुभाष चंद्रा का एक हिंदी उपग्रह चैनल शुरू करने का विचार बहुत बढ़िया था। इसलिए उसके लिए आवश्यक धन आसानी से मिल गया। इन पूँजीपतियों में प्रमुख थे ब्रिटेन के जेम्स गोल्डस्मिथ। दुनिया भर के उद्योगपतियों की प्रारंभिक अवस्था में उनकी देन सराहनीय है।

हांगकांग में जेम्स गोल्डस्मिथ द्वारा पूँजी प्राप्त कंपनियों में ओरिएंटल इन्वेस्टमेंट्स प्रमुख है। सुभाष चंद्रा के नए चैनल के लिए वे 15 प्रतिशत पूँजी देने को राजी हुए।

इसी प्रकार इंडोशियस की सहोदर कंपनी 'एपेक' ने 20 प्रतिशत पूँजी, जोर्डिन सेलेक्ट ने 10 प्रतिशत और विकार ने 5 प्रतिशत पूँजी दी। बाकी 50 प्रतिशत सुभाष चंद्रा की अपनी पूँजी थी।

इन सारी पूँजियों की सहायता से 'एशिया टुडे' नामक एक नई कंपनी की शुरुआत हुई। और इसी के साथ उनकी ओर से भारत के पहले हिंदी उपग्रह चैनल की शुरुआत की कोशिशें तेज हो गईं।

❑

8

सपना साकार

''हम अपने लोगों से बहुत खुश हैं, जो यहाँ से जाकर तीन से चार गुना अधिक वेतन पा रहे हैं। आज, स्टार प्लस, कलर्स और सोनी एंटरटेनमेंट टेलीविजन सभी जगह प्रोग्रामिंग हेड 'जी' से गए हैं। इसका अर्थ है कि जी कुछ सही कर रहा है।''

तब अधिकतर लोगों को सेटैलाइट चैनल के बारे में सपने में भी जानकारी नहीं थी, ऐसी स्थिति में सुभाष चंद्रा उस काम से जुड़ने की कोशिश कर रहे थे। 'पहला चैनल खोलना कठिन था, लेकिन एक बार शुरू करके दूरदर्शन से उसका अंतर दिखाएँगे तो दर्शकों को अपनी ओर आराम से खींच सकते हैं, इसी भरोसे काम करने लगे।'

उस समय दूरदर्शन की स्थिति ठीक नहीं थी। 'बुद्धू बक्सा' नीरस व मनोरंजनहीन कार्यक्रम, एक ही कथा एवं पात्रों को बार-बार दिखाकर बोर कर रहा था। थोड़े प्रयास से उससे ज्यादा मनोरंजक व मनोहारी कार्यक्रम की तैयारी आसानी से की जा सकती थी।

सिनेमा और संगीतप्रिय सुभाष चंद्रा का पूरा ध्यान मनोरंजक कार्यक्रमों की ओर था। उनका विश्वास था, तभी लोग उनके चैनल की ओर झुकेंगे। उनके पीछे प्रायोजक विज्ञापन के साथ आ जाएँगे और जो पैसे खर्च किए जाएँगे, उसे वे दुबारा इस्तेमाल कर सकते हैं।

इसके लिए उनकी 'एशिया टुडे' कंपनी करोड़ों रुपए खर्च कर रही थी। विशेषत: भारत सरकार से अनुमति लेने में ज्यादा खर्च करना पड़ा।

उस समय भारत में निजी चैनलों के संबंध में विशेष जानकारी या नियम नहीं थे। आजकल जैसे केबल टी.वी. नियम उस जमाने में लागू नहीं थे। इसलिए नए चैनलों को शुरू करनेवालों को क्या करना है, क्या नहीं करना है, यह सब नहीं मालूम था। 'कानून के अनुसार क्या ठीक है, क्या ठीक नहीं है', इन प्रश्नों को सोचकर सब अंदर-ही-अंदर डर रहे थे।

लेकिन सुभाष चंद्रा को ऐसा असमंजस नहीं था, क्योंकि उनकी कंपनी कई करोड़ रुपयों में शुरू हुई थी। यदि चैनल आने

में देरी होगी तो हर दिन उनको बड़ी हानि उठानी होगी।

वास्तव में सुभाष एक न्यायप्रिय व्यक्ति हैं। गलती करने पर वे क्रुद्ध होंगे। कोई कानून के खिलाफ जाए तो उसे माफ नहीं करेंगे।

लेकिन उन्हें भी अपना पहला चैनल शुरू करने के लिए सरकार व राजनेताओं को घूस खिलानी पड़ी। उसे स्पष्ट रूप से माननेवाले सुभाष बाद में अपराध समझकर उसे बिलकुल छोड़ देने की बात सबके सामने कह बैठते हैं।

जी टेलीफिल्म्स लिमिटेड

8 सितंबर, 1992 को सुभाष चंद्रा का नया चैनल शुरू हुआ। उसका नाम 'जी टेलीफिल्म्स लिमिटेड' रखा गया।

उसके अगले महीने गांधी जयंती (2 अक्तूबर) के दिन इस कंपनी की ओर से भारत के प्रथम सेटैलाइट चैनल की शुरुआत हुई। उसका नाम सुभाष ने 'जी टी.वी.' रखा।

उस समय तक ज्यादातर भारतीयों को सुभाष चंद्रा का नाम तक नहीं मालूम था। लेकिन जब उन्होंने जी टी.वी पर प्रथम प्रसारण करते वक्त दर्शकों को टी.वी. के माध्यम से संबोधित किया, तब सारे दर्शकगण तन्मय हो गए–

"आज से हम जी टी.वी. के नाम से एक हिंदी चैनल शुरू कर रहे हैं। यह मीडिया इतिहास का पहला निजी चैनल है, जो आप सबके दरवाजों पर दस्तक देने जा रहा है।"

जी टी.वी. की शुरुआत में चौबीस घंटे कार्यक्रम प्रसारित नहीं होते थे। एक दिन में छह घंटे ही कार्यक्रम प्रसारित होते थे।

उसी के लिए सुभाष चंद्रा को बहुत खर्च करना पड़ता था। शुरुआत में ज्यादा प्रायोजक न होने के कारण एक दिन में 20

लाख रुपए तक की हानि हो रही थी।

एक दिन में 20 लाख हों तो एक ही हफ्ते में 1.5 करोड़ खाली हो जाते थे। उस हानि की क्षतिपूर्ति कैसे करें?

सुभाष चंद्रा पर नजर रखे बाकी उद्योगपति व व्यापारीगण सोचने लगे थे कि 'बस जी टी.वी. खत्म होनेवाली है। कुछ हफ्तों में बिना पूँजी के यह चैनल बंद हो जाएगा।' जैसी बातें उन्हीं के सामने करते थे।

लेकिन सुभाष हिम्मत नहीं हारे। नुकसान की परवाह किए बिना इसे आम समस्या मानकर सुलझाने का उपाय सोचते थे।

'हर रोज मेरे हाथ में 6 घंटे तो हैं। उनमें सामान्य कार्यक्रम आएँगे तो दर्शक उसकी ओर नहीं झुकेंगे। उन्हें पलकें भी हिलाने का मौका नहीं देना है। हमारी ओर खींचना है। अच्छे-अच्छे कार्यक्रम पेश करेंगे तो वे टी.वी. छोड़ेंगे नहीं।'

इसलिए बड़ी सावधानी से प्रसारित होनेवाले प्रत्येक कार्यक्रम को वे देखने लगे। प्रारंभ में जी टी.वी. में प्रसारित होनेवाली

फिल्म का छोटा सा दृश्य भी उनकी आँखों के सामने होता तो वे सोचते, 'अगर यही कार्यक्रम किसी और चैनल में आएगा तो मैं इसे देखूँगा या बोर होने लगूँगा और उठकर चला जाऊँगा।'

ऐसे कई सवाल मन में पूछकर विमर्श करते थे। वहाँ काम करनेवाले कर्मचारी, मित्रों से आलोचनाएँ, विचार-विमर्श आदि करके उसमें महसूस होनेवाली कमी पर ध्यान देते थे। उस कमी की पूर्ति के लिए कुछ लोगों को नौकरी देकर अपने मस्तिष्क की ग्रहण शक्ति को और तीक्ष्ण करते थे।

सुभाष चंद्रा की टीम की कड़ी मेहनत और समय की पाबंदी आदि का अच्छा फल मिला। लोगों के बीच इस चैनल से संबंधित बातें होनी शुरू हो गईं। जी टी.वी. के कार्यक्रमों को दूरदर्शन के कार्यक्रम की तुलना में देखकर लोग 'वाह-वाह' करने लगे।

कम खर्च में अच्छे कार्यक्रम

कार्यक्रमों के निर्माण में सुभाष ने ज्यादा खर्च नहीं किया था। उन्होंने सभी कार्यक्रम निर्माताओं को कम खर्च करने की सलाह दे रखी थी। इसलिए जी टी.वी. के शुरुआती ज्यादातर कार्यक्रमों की बाहर शूटिंग नहीं होती थी। स्टूडियो के अंदर ही सेट लगाकर कम खर्च करके कार्यक्रम बनाए जाते थे।

लेकिन क्या लाखों के खर्च से ही कार्यक्रम अच्छे होंगे? नए-नए विचारों को अमल करने का तरीका, दूसरे कार्यक्रमों से उनका अंतर—इन सबकी वजह से जी टी.वी. ने दर्शकों को अपनी ओर खींच लिया।

लोगों से मिले प्रोत्साहन से उनके मनपसंद कार्यक्रम को थोड़ा सा बदलकर पुनः प्रसारित करने का साहस करने पर जी टी.वी. को काफी सफलता मिली। उसी तरह विदेशी कार्यक्रमों को एनिमेशन को स्वदेशी गंध से अनूदित करके प्रसारित किया

तो लोगों के बीच उसने एक विशिष्ट स्थान बना लिया।

इस प्रकार जी टी.वी. कम खर्च पर अच्छे-अच्छे कार्यक्रम प्रसारित कर रहा था। लेकिन सुभाष कार्यक्रमों के स्तर पर हमेशा दृष्टि रखते थे। मनोरंजन चाहनेवाले लोगों के मन में निराशा न पैदा हो, वे इस इरादे से कार्यक्रम चला रहे थे। सुभाष के अनुसार, "लोगों को मनोरंजन देनेवाला एकमात्र साधन टी.वी. ही है। लोग दिन भर काम करके अपनी थकावट को टी.वी. के माध्यम से दूर करके अपने चारों ओर होनेवाली घटनाएँ भूलकर टी.वी. के साथ एक नई दुनिया की स्थापना करने लगते हैं।"

'ये सब हम अपने चैनल में लाकर रख देंगे तो सफलता जरूर मिलेगी।' यही सुभाष की सोच थी।

उनकी कार्य-प्रणाली के अनुसार चलकर उनका जी टी.वी. चलचित्र, गीत, नाटक, अन्य मनोरंजक कार्यक्रम आदि कई कार्यक्रमों का नया मनोरंजक खजाना जैसा बनता जा रहा था। नए-नए कार्यक्रमों से लोगों को चकित करते हुए वह आगे बढ़ता जा रहा था।

विशेषकर भारतीयों की सिनेमा के प्रति रुचि को जी टी. वी. अच्छी तरह जानकर-पहचानकर उसे इस्तेमाल करता था। तब तक हफ्ते में एक बार, महीने में एक बार फिल्म देखने जानेवाली जनता अब हर रोज सिनेमा देखने लगी। नई-नई फिल्मों, उनके गीतों को प्रसारित करके करोड़ों घरों को जी टी.वी. ने अपनी ओर खींच लिया।

आमतौर पर प्रसारित होनेवाले सामाजिक नाटक 'सास-बहू' भी जी टी.वी. पर नाटकीयता से या अन्य तकनीकी परिवर्तन के साथ प्रसारित होते थे। इसका प्रमुख कारण जी टी.वी. की टीम थी, जो छोटी सी बात में भी लापरवाही नहीं होने देती थी। एक सौंदर्य-बोधक श्रद्धा उनके कार्यक्रमों में दिखती थी।

सच बात तो यह थी कि उस समय जी टी.वी. में काम करनेवाले सारे कर्मचारी सुभाष की तरह नए थे और उन्हें मीडिया का कोई खास अनुभव नहीं था। लेकिन वे सब मेहनती थे। साथ-साथ प्रतियोगिता जीतने का अदम्य साहस, परिश्रम करने की अद्‌भुत क्षमता व श्रद्धा उनके मन में थी।

प्रत्येक टी.वी. कार्यक्रम में दूरदर्शन से अंतर दिखाते हुए उन्होंने अपने लिए एक विशिष्ट स्थान बना लिया था। सुभाष चंद्रा की सोच के अनुसार शत-प्रतिशत मनोरंजन का साधनवाला फॉर्मूला काम करने लगा। जी टी.वी. के विकास से कुछ ही महीनों में दूरदर्शन का दर्शन पीछे हटने लगा था।

दूरदर्शन से प्रतियोगिता नहीं

लेकिन उसी समय सुभाष चंद्रा ने दृढ़ निश्चय कर लिया था कि उन्हें किसी भी हालत में दूरदर्शन से प्रतियोगिता नहीं रखनी है।

भारत में दूरदर्शन का गहरा प्रभाव था। महानगरों में ही नहीं, गाँवों, कस्बों आदि में, भारत के हर कोने में दूरदर्शन के कार्यक्रम पहुँचते थे। इसलिए नया आया जी टी.वी. दूरदर्शन से स्पर्धा नहीं कर सकता था। नर्सरी स्कूल का एक छोटा सा छोकरा एक बड़े सूमो पहलवान चैंपियन से मल्ल युद्ध नहीं कर सकता था। दूरदर्शन उँगली हिलाएगा तो जी टी.वी. चूर-चूर हो जाएगा।

इसलिए वे दूरदर्शन से थोड़ा अलग हटकर अपने जी टी. वी. के लिए एक अलग बाजार का निर्माण करेंगे। वे इसी निर्णय पर दृढ़ थे। उस बाजार में अपने लिए एक अलग जगह पाने के बाद दूरदर्शन की सीमाओं को देख सकते हैं। जल्दी क्या है?

उस समय हिंदी भाषी प्रधान शहरों में रहनेवाले दूरदर्शन

के अधिकांश दर्शकों को जी टी.वी. अपनी ओर खींचने लगा था। अगर इन्हें पूरी तरह से अपनी ओर जी टी.वी. ने खींच लिया तो बस काफी है। उन्हीं से जी टी.वी. का प्रचार-प्रसार हो जाएगा। तब धीरे-धीरे सारे शहरों में उसका नाम फैल जाएगा। यही उनकी प्रणाली थी।

'भूलना नहीं, देखना जी टी.वी.' विज्ञापन वे खुद नहीं देना चाहते थे बल्कि खुद लोग ही एक-दूसरे से पूछें कि जी टी.वी. में एक कार्यक्रम आ रहा है, देखा था क्या? जी टी.वी., नहीं मालूम? ऐसे ही एक दर्शक दूसरे को परिचय दे दे, वे यही चाहते थे।

सुभाष की सोच सकारात्मक होने पर भी जी टी.वी. अब तक घाटे में चल रहा था। फायदा होगा या नहीं? लाभ मिलेगा तो कब मिलेगा? किसी को पता नहीं था।

लेकिन इन बातों की सुभाष ने थोड़ी सी भी परवाह नहीं की। 'अब तक चुप्पी साधे तो बाद में कमा सकते हैं,' यही

निर्णय मन में बैठा था। इसी वजह से बाकी चैनलों से जी टी.वी. में प्रसारित होनेवाले विज्ञापनों की दर कम कर दी गई। जी टी.वी. के कार्यक्रमों के लोकप्रिय होने के बाद भी सुभाष चंद्रा ने विज्ञापनों का मूल्य बढ़ाया नहीं।

इसलिए विज्ञापनदाता खुद जी टी.वी. को ढूँढ़ते हुए आने लगे। बाकी चैनलों में विज्ञापनों को दिखाने के बजाय कम पैसों से प्रसारित होनेवाले जी टी.वी. में विज्ञापन देने की दौड़ शुरू हो गई।

सिर्फ छह महीने में ही सुभाष ने जी टी.वी. में लगाया पैसा वसूल कर लिया।

भारत के मीडिया इतिहास की बहुत बड़ी विजय गाथा थी यह। सुभाष चंद्रा नामक अजनबी एक अनजान क्षेत्र में घुसकर विजेता बन गया। बाकी उद्योगों की तुलना में निजी चैनल को शुरू करना खर्चीला था। खासकर शुरुआत में उसके लिए होनेवाले खर्च को वापस पाने के लिए कई महीने, कई वर्ष लग सकते हैं।

जी टी.वी. की शुरुआत के साथ इतनी जल्दी अधिक लाभ पाने की बात खुद सुभाष ने भी नहीं सोची थी। 'कम-से-कम डेढ़ साल में लागत पूँजी वापस मिल जाएगी', उनकी यही सोच थी। लेकिन जी टी.वी. ने किसी को भी सोचने का मौका न देकर अपनी विजय-पताका फहरा दी और छह महीने में ही लाभ कमाने लगा।

सुभाष चंद्रा के मित्रगण, प्रतियोगी, शत्रु आदि सब उन्हें विस्मित दृष्टि से देखने लगे। रिचर्ड-ली, जिन्होंने कहा था, 'भारत में पैसे कहाँ?' उन्होंने भी जी टी.वी. में क्यों पूँजी नहीं लगाई—सोचकर चिंतित होने लगे।

तब भी सुभाष चंद्रा को एक ही बात सता रही थी कि

'यह लाभ स्थायी है या अस्थायी? अगले महीने फिर हानि हो तो क्या होगा? उस जीत को कायम रखने के लिए जी टी. वी. को क्या करना चाहिए और क्या नहीं करना चाहिए।'

❑

9

ऊँची उड़ान

"उद्यमी को यथोचित बुद्धिमान और रचनात्मक सोच वाला होना चाहिए, ताकि वह उद्योग से जुड़ी विभिन्न समस्याओं और समाधानों का विश्लेषण कर सके। सुभाष चंद्रा कभी कॉलेज नहीं गए, लेकिन उद्यमिता कौशल से हमेशा लाभदायक उद्यम स्थापित किया। जिस तरह से वे अपने सभी संस्थान सँभालते हैं, उनकी उत्कृष्ट उद्यमशीलता का पता चलता है।"

जी टी.वी. के पहले कुछ वर्ष कभी न भूल सकने वाले हैं। दर्शकों और उद्योगपति दोनों को जी टी.वी. एक अद्‌भुत अनुभव प्रदान कर रहा था। आज के किसी भी चैनल को आप ले लीजिए, उसके कई-कई चैनल होते हैं, जैसे म्यूजिक, समाचार, खेलकूद, इतिहास, सिनेमा आदि। इन सब में आप कहीं-न-कहीं जी टी.वी. के प्रभाव को देख सकते हैं। केवल कार्यक्रम में ही नहीं, उसके संचालन, प्रशासन, कार्यकलाप, प्रस्तुति आदि अनेक क्षेत्रों में जी टी.वी. ने अन्य सेटैलाइट चैनलों के लिए एक आदर्श स्थापित किया।

उस समय भारत में स्टार प्लस, प्राइम स्पोर्ट्स जैसे विदेशी (अंग्रेजी के) चैनल प्रसारित हो रहे थे। ये केवल अंग्रेजी जाननेवाले और उच्च स्तर के लोगों को ही आकर्षित कर रहे थे। ऐसी स्थिति में जी टी.वी. ने अपने कार्यक्रमों को हिंदी में प्रस्तुत करके देश के कोने-कोने में रहनेवाले लोगों तक पहुँचाया और अनेक दर्शकों को अपनी ओर आकर्षित किया। संयुक्त अरब अमीरात, ओमान, कुवैत, सऊदी अरब, पाकिस्तान तथा अन्य देशों में भी जहाँ हिंदी बोलनेवाले लोग रहते थे, वहाँ जी टी.वी. अपनी धाक जमाने लगा। प्रवासी भारतीय हिंदी सेटैलाइट चैनल को देखकर बहुत प्रसन्न हुए और अपनी खुशी को फोन एवं चिट्ठी के जरिए जी टी.वी. समूह तक पहुँचाने लगे।

भेड़ चाल

जी टी.वी. की इस प्रगति को देखकर भारत की अन्य कई कंपनियाँ भी सेटैलाइट चैनल शुरू करने की योजना बनाने लगीं। लेकिन कोई भी जी टी.वी. की तरह नाम व धन नहीं कमा सका और कई तो बीच में ही लड़खड़ाने लगे। उदाहरण के रूप में, इस समय शुरू किए गए नए चैनल एटीएन, जूम टी.वी., जैन टी.वी. आदि का नाम ले सकते हैं।

इनमें से अनेक चैनल अब गायब हो चुके हैं। उनसे जी टी.वी. की तरह पैसा नहीं कमाया जा सका। अपनी निवेश पूँजी तक उन्हें वापस नहीं मिली। जी टी.वी. की तरह अत्यधिक तेजी से विकास करनेवाला दूसरा सेटेलाइट चैनल था–दक्षिण का सन टी.वी.।

प्रायः जी टी.वी. की देखा-देखी शुरू किए गए अन्य चैनल सेटैलाइट का किराया तक नहीं दे सके और विवश होकर बंद होने लगे। इस कड़ी प्रतिस्पर्धा के बीच केवल जी टी.वी. एशिया भर में प्रसिद्ध था और अधिक लाभ भी कमाने लगा था। इसी बीच देश के अनेक दिग्गज धनी लोग सुभाष चंद्रा के पास आए और जी टी.वी. में निवेश की इच्छा प्रकट की। उस समय सुभाष चंद्रा को भी पैसे की जरूरत थी। जी टी.वी. के विज्ञापन से करोड़ों रुपए मिल तो रहे थे, लेकिन सब खर्च हो जाते थे। सुभाष चंद्रा चैनल के विकास की अगली सीढ़ी पर कदम रखने तथा अन्य विकासात्मक कार्यों में, पैसे के अभाव में ध्यान नहीं दे पाते थे।

सुभाष चंद्रा और देर नहीं करना चाहते थे। लोगों में जी टी.वी. के प्रति आकर्षण था और सुभाष चंद्रा इस आकर्षण का लाभ उठाना चाहते थे। उनके मन में अनेक योजनाएँ थीं। उनके मन में यह सवाल भी उठा कि क्या प्रवासी भारतीयों से पैसा लिया जाए या अपने देशवासियों से ही पैसा लेकर निवेश किया जाए? अंततः उन्होंने प्रवासी या बड़े धनी लोगों से पैसा नहीं लेने का निर्णय किया, क्योंकि उन्हें डर था कि बदले में उन्हें जी टी.वी. का शेयर देना पड़ेगा।

साझेदारी करने में उन्हें कोई दिक्कत नहीं थी, लेकिन वे स्वामित्व नहीं छोड़ना चाहते थे। किसी भी मूल्य पर वे जी टी.वी. के मालिक का पद नहीं छोड़ना चाहते थे। अगर वे दूसरों के निवेश को स्वीकृत करते हैं तो उनके अपने निजी शेयरों की

भागीदारी 50 प्रतिशत से कम हो जाएगी। इससे जी टी.वी. समूह को नियंत्रित करने का अधिकार उनके हाथ से निकल जाएगा। इसलिए वे निवेश लेने से हिचकिचाते थे।

सुभाष चंद्रा इस बात पर अडिग थे कि जी टी.वी. समूह की प्रगति, उसकी अगली योजना क्या होनी चाहिए, आदि का फैसला वे खुद करें और किसी भी मूल्य पर इसका अधिकार दूसरों के पास न जाएँ। अतः उन्होंने प्रवासी भारतीयों से निवेश इकट्ठा करने की बात को अस्वीकार कर दिया। सुभाष चंद्रा ने फैसला किया कि आवश्यक निवेश को भारत के लोगों से ही प्राप्त किया जाए। वे जी टेलीफिल्म्स कंपनी के शेयरों को खुले बाजार में छोड़ना चाहते थे और इसके द्वारा मिलनेवाले निवेश को जी टी.वी. समूह के विस्तार में लगाना चाहते थे।

जी टेलीफिल्म्स के शेयर बाजार में

जी टी.वी. के प्रसारण की शुरुआत से ठीक एक साल बाद 1 सितंबर, 1993 को 'जी टेलीफिल्म्स' ने अपने शेयर बाजार में जारी किए। इससे 100 करोड़ रुपए मिले। इससे सुभाष चंद्रा और उत्साहित हुए। उनकी योजना और युक्ति काम आई। इसका समुचित लाभ उठाने के लिए वे जी टी.वी. की तरह कुछ और चैनलों का श्रीगणेश करने की योजनाएँ बनाने लगे। यहाँ हम सुभाष चंद्रा और अन्य उद्योगपतियों के अंतर को देख सकते हैं। अगर इस परिस्थिति में दूसरा कोई होता तो उसका ध्यान केवल जी टी.वी. के विस्तार पर ही जाता और नए चैनल की शुरुआत की बात शायद ही उसके मन में आती।

इस दौरान टेलीविजन का आधुनिकीकरण होता रहा और इसमें अनेक सुविधाएँ जुड़ती रहीं। नवनिर्मित टेलीविजन में लगभग 100 चैनल देखने की सुविधा थी। लेकिन उस समय भारत भर में सौ

चैनल नहीं थे, केवल पाँच या छह चैनल थे।

इसमें सुभाष चंद्रा परिवर्तन लाना चाहते थे, क्योंकि उन्हें मालूम था कि जल्दी ही दर्शकों को अनेक चैनल देखने को मिलनेवाले हैं। ऐसी स्थिति में केवल एक ही चैनल से जी टी.वी. टिक नहीं पाएगा। इसलिए उन्होंने कई चैनल शुरू करने चाहे। बच्चों के लिए, स्त्रियों के लिए, खेल के लिए, उद्योगपतियों के लिए, राजनीति के लिए, संगीत के लिए, सिनेमा के लिए आदि कई तरह के चैनल वे शुरू करना चाहते थे। उन्होंने फैसला कर लिया कि अगले चार-पाँच साल में जी टी.वी. समूह के पास कम-से-कम आठ-दस चैनल होने चाहिए और इनमें कुछ चौबीस घंटे प्रसारित होनेवाले होंगे।

जब सुभाष चंद्रा ने अपनी योजनाओं की घोषणा की तो दर्शक दाँतों तले उँगली दबाने लगे, क्योंकि उस समय भारत में सीमित घंटों के लिए ही कार्यक्रम प्रसारित होते थे। चौबीस घंटे टेलीविजन देखने की बात से बच्चों से लेकर बूढ़े तक प्रसन्न हुए। चैनलों के नाम सुनकर दर्शक और उछलने लगे। उन्नत देशों में मिलनेवाली सारी सुविधाओं को सुभाष चंद्रा भारत के दर्शकों को उपलब्ध कराना चाहते थे।

दूरदर्शन की निद्रा भंग

पहली बार भारत सरकार के दूरदर्शन को यह चिंता सताने लगी कि अगर यही स्थिति रही तो उसका बंद होना तय है। उसकी समझ में भी यह बात आने लगी कि अगर बाजार में टिके रहना है तो उसे भी कुछ नया करना होगा।

इसी क्रम में दूरदर्शन ने 'मेट्रो चैनल' का श्रीगणेश किया और इसमें नए-नए कार्यक्रम, सिनेमा, संगीत, मनोरंजन आदि सभी क्षेत्रों को प्रमुखता दी गई। नए-नए चेहरों को मौका मिलने लगा। सरकार

ने अपनी नीति में उदारीकरण करके दूरदर्शन को स्वतंत्र रूप से काम करने की छूट दी। "सो रहे दूरदर्शन को जगाने का श्रेय जी टी.वी. को जाता है।" यह लोगों का कथन था। उत्तर भारत के समाचार-पत्रों में भी इस पर खूब लेख निकलने लगे।

जी टी.वी. की तरह अन्य चैनलों की शुरुआत के लिए सुभाष चंद्रा काम कर रहे थे। इस बीच भारत सरकार ने मोबाइल सेवा प्रदान करने की अपनी दूसरी नीलामी घोषित की। इसमें दिल्ली, मुंबई, कोलकाता और चेन्नई को छोड़कर अन्य शहरों के नाम थे।

सुभाष चंद्रा के मन में यह विचार पैदा हुआ कि दूरदर्शन के क्षेत्र में बिना किसी पूर्वानुभव के हमने इसे जीत लिया तो क्यों न हम मोबाइल सेवा में कदम रखें? वे मोबाइल सेवा के क्षेत्र में भी प्रवेश करना चाहते थे और उसके लिए आवश्यक जानकारियाँ हासिल कर रहे थे। इससे मिलनेवाले लाभ और हानि पर दिन-रात विचार कर रहे थे। अंत में उन्होंने फैसला किया कि केवल टेलीविजन के क्षेत्र में ध्यान दिया जाए। इस फैसले से वे नए-नए

चैनलों की शुरुआत में अधिक समय दे पाए। धीरे-धीरे सरकारी दूरदर्शन को विज्ञापन से मिलनेवाली आय कम होने लगी और जी टी.वी. को मिलनेवाली आय बढ़ गई।

सामान्यत: नया उद्योग शुरू करके प्रगति की ओर तेजी से बढ़नेवालों को एक-दो साल में कुछ नई-नई समस्याएँ होंगी। ये समस्याएँ सुभाष चंद्रा को भी हुईं। हाँ, जी टी.वी. की प्रगति और विकास को देखकर देशीय और अंतरदेशीय कंपनियाँ इसकी नई कंपनी के लिए चुनौतियाँ बनने लगीं और इन पर अधिकार करने की कोशिशें भी कीं। कारण स्पष्ट है कि उनके मन में यह डर था कि अब छोटी लगनेवाली यह कंपनी कालांतर में बढ़कर उनके लिए चुनौती बन जाएगी। अत: बड़ी रकम देकर जी टी.वी. को खरीदने के लिए वे सुभाष चंद्रा से बात करने लगे। उसके महत्त्व और प्रमुखता को कम करने के प्रयास में धनी और राजनीतिक लोग चक्कर लगाने लगे। अनेक अंतरराष्ट्रीय कंपनियाँ जी टी.वी. को खरीदने के लिए आगे आईं।

मानव मन बड़ा चंचल है। यह कभी भी, कहीं भी फिसल सकता है। धन कमाने के लिए शुरू की गई कंपनी को अगर कोई करोड़ों में लेने को तैयार हो तो उसके मन में उसे बेच देने की बात आना स्वाभाविक है, क्योंकि बात करोड़ों की है। आगे यह कंपनी टिकेगी या इसके संचालन में और कितनी रकम लगानी पड़ेगी आदि कई बातें उठती हैं। अत: कुछ लोग, जैसे ही अच्छी रकम मिलने की बात होती है, अपनी कंपनी बेच देते हैं।

जी टी.वी. करोड़ों कमा रहा था, अत: उसे लेने के लिए कई विदेशी कंपनियाँ कोशिश कर रही थीं। लेकिन सुभाष इस सबसे बेपरवाह ऊँची उड़ान की तैयारी कर रहे थे।

❑

10

वर्चस्व की लड़ाई

''रचनात्मकता कुछ नया अस्तित्व में लाने की क्षमता है। नए विचार ग्रहण करें और फिर उन्हें साकार करने में जी-जान से जुट जाएँ। असफलता ही सफलता की ओर ले जाती है, यह याद रखें।''

सुभाष चंद्रा ने स्पष्ट कर दिया था कि कोई पैसा देकर उन्हें या उनके जी टी.वी. को नहीं खरीद सकता। लेकिन इसी समय संसार के एक कोने में सुभाष चंद्रा के जी टी.वी. के सपनों को मटियामेट करने की एक योजना बननी शुरू हो गई थी।

मीडिया मुगल रूपर्ट मर्डोक

मीडिया मुगल रूपर्ट मर्डोक का नाम तो आपने सुना ही होगा। अप्रत्यक्ष रूप से पूरी दुनिया को हिला देनेवाली एक शक्ति हैं रूपर्ट। विश्व के प्राय: सभी देश उनके प्रत्यक्ष और अप्रत्यक्ष आक्रमण देख चुके हैं। संसार के मीडिया सम्राट् हैं रूपर्ट मर्डोक। कई देशों के प्रमुख समाचार-पत्र, रेडियो और टेलीविजन को नियंत्रित करनेवाली एक महाशक्ति के रूप में विचरते हैं रूपर्ट

मीडिया मुगल रूपर्ट मर्डोक

मर्डोक। और उनका 'न्यूज कॉर्पोरेशन' अंतरराष्ट्रीय मीडिया साम्राज्य के रूप में स्थित है।

रूपर्ट मर्डोक का जन्म 11 मार्च, 1931 को ऑस्ट्रेलिया में हुआ। उनके पिता कैथ मर्डोक एक समाचार-पत्र के प्रकाशक थे। मर्डोक के पिता ने मृत्यु के पहले अपनी वसीयत में यह लिखा था कि उनकी मृत्यु के बाद उनके दोनों समाचार-पत्रों को उनका बेटा चलाए। उस समय रूपर्ट मर्डोक की उम्र केवल 21 वर्ष थी। इस छोटी उम्र में और इस क्षेत्र में कोई अनुभव न होने के बावजूद वे दोनों समाचार-पत्रों को चलाने के लिए बाध्य थे।

सामान्यत: इस उम्र के युवक को पानी में फेंक दिया जाए तो वह हाथ-पैर चलाकर किनारे पर पहुँच जाएगा। मर्डोक के साथ भी यही हुआ। मर्डोक की समझ में धीरे-धीरे यह बात आने लगी कि एक समाचार-पत्र को सफलता और लाभ से

चलाना है तो उसमें किस प्रकार के विषय होने चाहिए और उनका प्रस्तुतीकरण किस प्रकार होना चाहिए।

आकर्षक शीर्षक, चुटीले वाक्यांश, मुसकान के साथ बार-बार समाचार को पढ़ने के लिए विवश करनेवाले तथ्य, लुभावनी तसवीरों आदि का इस्तेमाल करके मर्डोक बहुत सफलता से अपने समाचार-पत्रों को चला रहे थे। इस सूत्र का प्रयोग करके विश्व भर में वे प्रसिद्ध रहे और उनके समाचार-पत्र भी।

ऑस्ट्रेलिया से अपनी विजय-यात्रा शुरू करनेवाले मर्डोक धीरे-धीरे अन्य देशों में भी अपनी शाखाएँ खोलने लगे। हानि में चल रहे अनेक समाचार-पत्रों को उन्होंने खरीदा और उनमें अपने सूत्रों का प्रयोग करके सफलता से चलाने लगे। इस प्रकार एक-दो नहीं, उन्हें अनेक समाचार-पत्रों को सफलता से चलाने का श्रेय प्राप्त है और इस क्षेत्र में उन्हें लगातार सफलता मिलती रही। इसके बाद उन्होंने रेडियो व टेलीविजन के क्षेत्र में भी कदम रखे और उनमें भी सफलता हासिल की। इस प्रकार धीरे-धीरे संसार के अधिकतम मीडिया उनके नियंत्रण में आ गए।

मर्डोक इससे भी संतुष्ट नहीं हुए। अगला क्या है, कहाँ पर करना है, अपने हाथ में एटलस लिये नई-नई योजनाएँ बनाते रहे। पश्चिमी देशों में अपनी विजय-यात्रा की पताका फहराने के बाद उनका ध्यान एशिया पर गया। खासकर वे चीन पर अधिक ध्यान देने लगे। वह संसार में सबसे अधिक आबादीवाला देश है। वहाँ समाचार-पत्रों के पाठकों और टेलीविजन के दर्शकों की संख्या अन्य देशों के मुकाबले बहुत अधिक है। रूपर्ट मर्डोक ने अपने 'न्यूज कॉर्पोरेशन' का झंडा वहाँ पर भी फहराना चाहा। उनकी योजना यह थी कि नए रूप में एक कंपनी शुरू करके उसमें सफलता पाने के बजाय बहुत लाभ में चलनेवाली किसी कंपनी को खरीद लिया जाए। उस समय एशिया का सबसे बड़ा टेलीविजन

नेटवर्क 'स्टार' था, अत: वे तुरंत उसे खरीदने की योजना बनाने लगे।

'स्टार' बिका

स्टार कंपनी के प्रबंध निदेशक रिचर्ड ली और उनके पिता ली-काशिंग दोनों मीडिया व्यवसाय के मँजे हुए खिलाड़ी थे। स्टार कंपनी में उन्होंने जितना निवेश किया था, उससे अनेक गुना धन वे कमा चुके थे और बाजार में उनका शेयर अच्छी कीमत पर बिक रहा था। अत: इसी हालत में वे उसे बेच देना चाहते थे। उन्होंने कई गुना अधिक लाभ नियत करके रेट बताया।

रूपर्ट मर्डोक के पास दूसरा कोई उपाय न था, क्योंकि वे किसी भी कीमत पर उसे खरीदना चाहते थे। तभी वे चीन में अपना साम्राज्य स्थापित कर सकते थे और धीरे-धीरे एशिया में भी। इसके लिए 'स्टार' तुरुप का इक्का बना।

जुलाई 1993 में एक भाग और 1995 में शेष भाग, इस प्रकार पूरे स्टार ग्रुप को रूपर्ट ने खरीद लिया। स्टार के चैनल, ट्रांसपोंडर सबकुछ उनके नियंत्रण में आ गए। स्टार कंपनी रिचर्ड-ली के हाथ

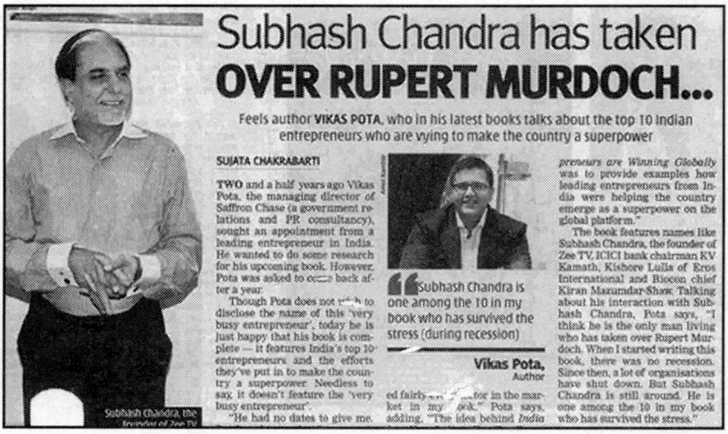

Subhash Chandra has taken
OVER RUPERT MURDOCH...

Feels author **VIKAS POTA**, who in his latest books talks about the top 10 Indian entrepreneurs who are vying to make the country a superpower

SUJATA CHAKRABARTI

TWO and a half years ago Vikas Pota, the managing director of Saffron Chase (a government relations and PR consultancy), sought an appointment from a leading entrepreneur in India. He wanted to do some research for his upcoming book. However, Pota was asked to come back after a year.

Though Pota does not wish to disclose the name of this 'very busy entrepreneur', today he is just happy that his book is complete — it features India's top 10 entrepreneurs and the efforts they've put in to make the country a superpower. Needless to say, it doesn't feature the 'very busy entrepreneur'.

"He had no dates to give me. ed fairly [illegible] tor in the market in my [illegible]," Pota says, adding, "The idea behind *India* [illegible] *preneurs are Winning Globally* was to provide examples how leading entrepreneurs from India were helping the country emerge as a superpower on the global platform."

The book features names like Subhash Chandra, the founder of Zee TV, ICICI bank chairman KV Kamath, Kishore Lulla of Eros International and Biocon chief Kiran Mazumdar-Shaw. Talking about his interaction with Subhash Chandra, Pota says, "I think he is the only man living who has taken over Rupert Murdoch. When I started writing this book, there was no recession. Since then, a lot of organisations have shut down. But Subhash Chandra is still around. He is one among the 10 in my book who has survived the stress."

"Subhash Chandra is one among the 10 in my book who has survived the stress (during recession)

Vikas Pota,
Author

Subhash Chandra, the founder of Zee TV

से निकल गई, अतः सुभाष चंद्रा को रूपर्ट मर्डोक के साथ काम पड़ा। इसमें समस्या यह थी कि रूपर्ट को साझेदारी का बिजनेस बिलकुल पसंद नहीं था। वे अपनी विजय-यात्रा में दूसरों को साथ नहीं ले जाना चाहते थे। चाहे कोई भी क्षेत्र हो, उसमें नंबर वन बनाना, वहीं जमे रहना, यही रूपर्ट का लक्ष्य था।

'स्टार' बनाम 'सुपर स्टार' की लड़ाई

रूपर्ट यह बरदाश्त नहीं कर पा रहे थे कि स्टार के होते जी टी.वी. 'सुपर स्टार' बने। शुरू में रूपर्ट मर्डोक ने सुभाष चंद्रा को एक प्रतिद्वंद्वी के रूप में नहीं देखा था, क्योंकि उनका पूरा ध्यान चीन पर था, भारत पर नहीं। लेकिन अपेक्षानुसार रूपर्ट चीन पर आधिपत्य नहीं कर पाए, कारण–कम्युनिस्ट देश चीन उनके लिए रियायतें बिलकुल नहीं दे रहा था। रूपर्ट चीन के मीडिया जगत् में अपने पैर जमाना चाहते थे, लेकिन बिना किसी प्रतिबंध के। वहाँ पर उनकी दाल नहीं गली तो उनका ध्यान भारत पर गया, खासकर जी टी.वी. पर। उस समय स्टार कंपनी के नियंत्रण में रहे ट्रांसपोंडरों से केवल स्टार चैनल के कार्यक्रम प्रसारित होते थे, केवल जी टी.वी. को छोड़कर। उस समय स्टार टी.वी. चैनल की अपेक्षा जी टी.वी. के दर्शक अधिक थे और जी टी.वी. लाभ भी कमा रहा था।

सन् 1992 में स्टार कंपनी अपने सेटैलाइट ट्रांसपोंडरों के जरिए कुल 13 लाख घरों में पहुँची थी। इसी समय जी टी.वी. स्टार टी.वी. के साथ करार करके उनके सेटैलाइट का प्रयोग करने लगा। इसके बाद दर्शकों की संख्या बहुत तेजी से बढ़ने लगी। एक ही साल में जी टी.वी. के दर्शकों की संख्या 70 लाख हो गई। इससे स्टार टी.वी. की अपेक्षा सुभाष चंद्रा को अधिक लाभ हुआ। यह बात रूपर्ट मर्डोक को पसंद नहीं आई। भारत में बैठकर उनके सेटैलाइट

और ट्रांसपोंडरों का प्रयोग करके सुभाष चंद्रा द्वारा करोड़ों में कमाने की बात से उन्हें चिढ़ हुई। वे भारत और भारत के बाजार के बारे में पता करने लगे। भारत कैसा देश है? क्या भारत में भी चीन की तरह विदेशों के लिए प्रतिबंध है या नहीं? वहाँ खुला बाजार चलता है या प्रतिबंधित? अगर हम भारत में जाएँ तो जी टी.वी. को हरा सकते हैं या नहीं, आदि-आदि बातों पर वे विचार-विमर्श करने लगे।

भारत में हर साल टेलीविजन में विज्ञापन देने के लिए करोड़ों रुपए खर्च किए जाते थे। उस समय टेलीविजन बहुत कम लोगों तक पहुँचता था। लेकिन उद्यमियों को पता था कि कालांतर में टेलीविजन के अनेक चैनल होंगे और इसके द्वारा दिए जानेवाले विज्ञापनों की संख्या भी बढ़ेगी, परिणामतः चैनल से मिलनेवाला लाभ अधिक होगा। अंततः रूपर्ट को लगा कि भारत सोने की चिड़िया है। भारत में व्यवसाय करने से सोना-ही-सोना बरसेगा।

अब उनका ध्यान चीन से हटकर भारत पर आ गया और इसके हिसाब से वे आगे की काररवाई करने लगे। जब यह बात सुभाष चंद्रा को मालूम हुई तो दोनों में वाद-विवाद होने लगा। लोगों और मीडिया में तरह-तरह की बातें होने लगीं। रूपर्ट भारत में स्टार टी.वी. को बड़े पैमाने पर चलाना चाहते थे और इसके लिए वे सुभाष चंद्रा को एक बाधा मानते थे। अतः सुभाष चंद्रा को हटाकर स्टार टी.वी. खुद एक हिंदी मनोरंजन चैनल शुरू करने की योजना बनाने लगा। लेकिन जी टी.वी. इतना आगे बढ़ चुका था कि उसे आसानी से नहीं हराया जा सकता था। दोनों परस्पर आश्रित थे। इस साझेदारी से अगर कोई हटेगा तो घाटा उसी का होगा।

मुश्किल दौर

रूपर्ट की अंतरराष्ट्रीय पहुँच थी। वे कभी भी, कुछ भी कर

सकते थे। अतः सुभाष चंद्रा बहुत सतर्क थे। अगर मर्डोक जी टी.वी. को स्टार टी.वी. की साझेदारी से निकाल देंगे तो जी टी.वी. की हालत क्या होगी, इस पर सुभाष चंद्रा बहुत गंभीरता से विचार करने लगे। ठिकाना थोड़ा मुश्किल होगा, लेकिन इसके लिए भी उनके पास एक योजना थी।

स्टार सेटैलाइट न मिलने की हालत में सुभाष चंद्रा दूसरे सेटैलाइट के जरिए अपने कार्यक्रमों का प्रसारण करने की योजना बनाने लगे। वे किसी भी कीमत पर अपने चैनल की निरंतरता बनाए रखना चाहते थे। लेकिन क्या दर्शक इस बदलाव का स्वागत करेंगे?

सुभाष चंद्रा को पूरा विश्वास था कि दर्शक इस परिवर्तन को स्वीकार करेंगे। दर्शकों को जी टी.वी. के कार्यक्रमों से मतलब है। वे कार्यक्रम किस सेटैलाइट से प्रसारित होते हैं, उससे उनका कोई लेना-देना नहीं है। फिर भी, सुभाष चंद्रा अपने दर्शकों को बता देना चाहते थे कि वे आगे से दूसरे सेटैलाइट से अपने कार्यक्रम प्रसारित करनेवाले हैं। वे दर्शकों का बहुत खयाल रखते हैं और उनकी इच्छा-अनिच्छा पर ध्यान देते हैं।

सुभाष चंद्रा अपनी बात पर अडिग थे, लेकिन दूसरे निवेशकों के मन में डर था कि अगर दर्शक इसे स्वीकार नहीं करेंगे तो क्या होगा? उनका कहना था कि रूपर्ट मर्डोक के विरुद्ध जाने से इस क्षेत्र में टिक पाना मुश्किल होगा। रूपर्ट मर्डोक के न्यूज कॉर्पोरेशन और जी टी.वी. की तुलना करेंगे तो दोनों में राई और पर्वत का अंतर है। निवेशकों को डर था कि रूपर्ट जी टी.वी. का अस्तित्व ही मिटा देंगे। अतः निवेशक सुभाष चंद्रा को इस बात के लिए विवश कर रहे थे कि वे रूपर्ट के साथ विवाद न करें और उनकी साझेदारी में ही आगे काम करें। अंततः सुभाष चंद्रा ने बाध्य होकर इसके लिए स्वीकृति दे दी। जी टी.वी. और

स्टार टी.वी. दोनों में मिलकर काम करने का करार तैयार होने लगा।

जब यह बात मीडिया से जुड़े लोगों को पता चली तो सब आश्चर्यचकित हुए, क्योंकि रूपर्ट सदा अपने साम्राज्य के एकमात्र सम्राट् बनना चाहते थे। वे अपनी मरजी से काम करते हैं और अपनी इच्छा के अनुसार ही अपने धंधे को चलाते हैं। सुभाष चंद्रा के साथ साझेदारी में धंधा करने की बात से लोग अचंभित थे और अप्रत्याशित घटना की उम्मीद कर रहे थे।

वास्तव में रूपर्ट को जब जी टी.वी. के बारे में पता चला तो उन्होंने उसे खरीदना चाहा। इसके लिए वे करोड़ों रुपए खर्च करने को तैयार थे। मुँह-माँगे रुपए देकर दूसरों को खरीदना रूपर्ट की बिजनेस शैली थी। वे जी टी.वी. को सुभाष चंद्रा की अपेक्षा से अधिक रुपए देकर खरीदना चाहते थे।

चाहे रूपर्ट मीडिया जगत् के चक्रवर्ती ही क्यों न हों, फिर भी सुभाष चंद्रा अपने जी टी.वी. को उन्हें बेचना नहीं चाहते थे और जी टी.वी. को अपने नियंत्रण में ही रखना चाहते थे। सुभाष चंद्रा अपने फैसले पर दृढ़ थे, लेकिन उनके अन्य निवेशक अधिक पैसा मिलने की बात सुनकर फिसलने लगे थे और ज्यादातर ने अपने शेयर रूपर्ट को बेच दिए। इससे जी टेलीफिल्म्स के 49. 9 प्रतिशत शेयर रूपर्ट को मिल गए। शेष 51.5 शेयर सुभाष चंद्रा के अपने थे। 49.9 और 50.1 के बीच का अंतर केवल 0. 2 प्रतिशत था। इस अंतर के कारण सुभाष चंद्रा जी टेलीफिल्म्स को अपने नियंत्रण में रखे हुए थे।

इस बिक्री के कारण स्टार टी.वी. और जी टी.वी. लगभग सिस्टर कन्सर्न की तरह हो गए। दोनों ने इस करार पर हस्ताक्षर किए कि एक-दूसरे के बिजनेस में हस्तक्षेप नहीं करेंगे। इस प्रकार हिंदी और अन्य भारतीय भाषाओं के चैनल सुभाष चंद्रा के

नियंत्रण में तथा रूपर्ट के नियंत्रण में अंग्रेजी चैनल थे। इससे सुभाष चंद्रा को थोड़ी राहत मिली और खुशी भी कि जी टी.वी. की आमदनी में स्टार टी.वी. आगे टाँग नहीं अड़ाएगा। वे आगे के चैनलों की शुरुआत के बारे में विचार करने लगे।

लेकिन रूपर्ट एक सिंह था। वह कभी भी जाल से निकलकर उन पर आक्रमण करेगा, अतः सुभाष चंद्रा सावधानी भी बरतते थे।

❑

11

शह-मात का खेल

"उद्यमी को अपने ग्राहकों के साथ अच्छे संबंध बनाए रखने चाहिए। अगर वह चाहता है कि उसके कर्मचारी दक्षतापूर्वक व समर्पण भाव से काम करें तो उनके साथ भी अच्छे, मानवीय, व्यक्तिगत, भावनात्मक संबंध बनाए रखे।"

अगर किसी व्यवसाय में दो साझीदार हों तो दोनों को समान लाभ मिलना चाहिए। यही धर्म है और तभी साझेदारी भी टिकेगी। ऐसा न होकर अगर किसी एक को अधिक लाभ मिलता है और दूसरे को कम तो कम मिलनेवाले को अधिक मिलनेवाले के प्रति ईर्ष्या होगी और उसके मन में यह शंका होगी कि कहीं दूसरा उसे धोखा तो नहीं दे रहा? शंका उदय होते ही दोनों के बीच का संबंध बिगड़ेगा और शीघ्र ही साझेदारी टूट जाएगी।

जी टी.वी. और स्टार टी.वी. की साझेदारी शुरू के दिनों में बहुत अच्छी चली। रूपर्ट ने सुभाष चंद्रा को किसी प्रकार तंग नहीं किया और उन्हें स्वतंत्र रूप से काम करने दिया। एक-दो महीने के बाद लाभ-हानि पर ध्यान देते समय रूपर्ट को यह लगा कि स्टार टी.वी. पिछड़ रहा है और जी टी.वी. तेजी से आगे

बढ़ रहा है। हालाँकि स्टार के पास चार-पाँच चैनल थे, फिर भी जी टी.वी. ने एक ही चैनल से जितना कमाया, उससे आधा भी इन चैनलों से नहीं मिला। यही नहीं, जी टी.वी. में सुभाष चंद्रा और रूपर्ट का लगभग आधा-आधा शेयर था। लेकिन रूपर्ट का मानना था कि उन्होंने जितना निवेश किया था, उसकी तुलना में आमदनी बहुत कम मिल रही थी। इस प्रकार कुछ अन्य कारणों से भी रूपर्ट जी टी.वी. से रुष्ट थे। वे जी टी.वी. को दबाना चाहते थे और अपनी योजना में लगे रहे।

तना-तनी

सुभाष चंद्रा और रूपर्ट की साझेदारी के बारे में लोग तरह-तरह की बातें करने लगे। एक ओर लोग कहने लगे कि रूपर्ट कमजोर पड़ गए, तभी वे सुभाष चंद्रा से दबते हैं तो दूसरी ओर कुछ लोग यह कहने लगे कि सुभाष चंद्रा केवल एक खिलौना हैं और इस खिलौने को रूपर्ट अपनी मरजी के अनुसार नचाते हैं।

इन अफवाहों पर सुभाष चंद्रा पूर्ण विराम लगाना चाहते थे। उन्होंने मीडिया को बुलाकर कहा कि जी टी.वी. पूर्णतः उनके नियंत्रण में है और इसके संचालन में रूपर्ट का कोई हाथ नहीं है। जी टी.वी. एक स्वतंत्र कंपनी है और इसमें स्टार टी.वी. या अन्य किसी टी.वी. की कोई भूमिका नहीं है। सच्चाई भी यही थी कि जी टी.वी. शत-प्रतिशत सुभाष चंद्रा के मार्गदर्शन और नियंत्रण में काम कर रहा था।

इस बीच स्टार टी.वी. के विदेशी कार्यक्रम भी धीरे-धीरे लोकप्रिय होने लगे। स्टार प्लस, प्राइम स्पोर्ट्स, बी.बी.सी., एम टी.वी. जैसे उनके चैनलों के कार्यक्रमों का स्वागत भारतीय दर्शक दिल खोलकर करने लगे। वे उनकी पाश्चात्य शैली पर मुग्ध होने लगे। विदेशी चीजों का मोह भारत में हमेशा बना रहा है।

सुभाष भी अपने कार्यक्रमों में कुछ नवीनता लाना चाहते थे और तदनुसार कार्यक्रमों का निर्माण भी होने लगा। इससे जी टी. वी. के दर्शकों की संख्या तेजी से बढ़ने लगी। इससे निर्माताओं और विज्ञापन देनेवालों की भीड़ जी टी.वी. के कार्यालयों में उमड़ने लगी। रूपर्ट को यह सूचना मिली तो वे ईर्ष्या से जल उठे और सुभाष चंद्रा की आमदनी कम करने की ओर ध्यान देने लगे।

जी के नए चैनल

सन् 1995 में जी नेटवर्क ने और दो चैनलों की शुरुआत की–समाचारों के लिए 'जी न्यूज' और सिनेमा के लिए 'जी सिनेमा'। इन दो चैनलों से जी टी.वी. को विज्ञापन से मिलनेवाली आमदनी और तेजी से बढ़ी। देश में और विदेश में भी इसकी धाक बढ़ती गई। जी टी.वी. नेटवर्क का मुनाफा भी तेजी से शिखर की ओर गया।

सिटी केबल

जी टी.वी. चैनलों के साथ-साथ 'सिटी केबल' के नाम से सुभाष चंद्रा ने नई कंपनी खोली। यह नेटवर्क सेटैलाइट चैनलों के कार्यक्रमों को देश भर में पहुँचाता था। जी टी.वी. अपने चैनलों को देश भर में व्याप्त केबल ऑपरेटरों को देता था और वे केबल के जरिए इन कार्यक्रमों को घर-घर पहुँचाते थे तथा इसके लिए केबल ऑपरेटर घरों से पैसे वसूल कर लेते थे।

इस सिस्टम में बहुत गड़बड़ी थी, यह बाद में ही पता चला। लेकिन परिस्थितियाँ ऐसी थीं कि सुभाष चंद्रा ने इस पद्धति को चलने दिया। उनकी देखा-देखी कुछ अन्य बड़ी कंपनियाँ भी 'सिटी केबल' की तरह केबल बिजनेस में कूदने लगीं। क्योंकि उन्हें पता चला कि 'सिटी केबल' से सुभाष चंद्रा करोड़ों रुपए कमा रहे हैं। अल्पावधि में सुभाष चंद्रा का 'सिटी केबल' देश भर में लोकप्रिय हो गया था। सुभाष चंद्रा इसके द्वारा अपने जी टी.वी. नेटवर्क के सारे चैनलों को घर-घर पहुँचाकर दर्शकों को तृप्त कर रहे थे। वे दर्शकों और केबल ऑपरेटरों से संपर्क करके, जो कुछ खामियाँ थीं, उन्हें समय-समय पर दूर करते रहे।

सिटी चैनल

सन् 1996 में सुभाष चंद्रा ने 'सिटी चैनल' की शुरुआत की तो उनकी देखा-देखी अन्य लोग भी इस व्यवसाय में उतरने लगे। सुभाष चंद्रा और उनके जी टी.वी. नेटवर्क की हरेक हरकत पर उद्योगपति और दर्शक नजर रखते थे। उद्योगपति सुभाष चंद्रा के प्रतियोगी के रूप में धंधा शुरू करते थे तो दर्शक नए-नए मनोरंजक कार्यक्रमों से लाभान्वित होते थे। जी टी.वी. उद्यमियों के लिए एक आदर्श था और इसकी नकल करके दूसरे लोग मुनाफा कमा रहे थे।

सुभाष चंद्रा की टीम के लिए इस प्रकार के प्रतियोगियों का उदय होना अच्छा भी था और बुरा भी। अच्छाई यह थी कि टीम को नई-नई चीजें, कमियाँ आदि पता चलती रहीं और बुराई यह थी कि उन्हें सदा इसी सोच में लगे रहना पड़ता था कि वे आगे कौन सा नया प्रयोग कर सकते हैं।

जी टीम की इस प्रगति को देखकर रूपर्ट सदमे में थे। उन्हें यह बात चुभती थी कि सुभाष चंद्रा स्टार टी.वी. चैनलों के लिए कुछ नहीं करते, अपना सारा ध्यान जी टी.वी. के विकास पर लगाते हैं। अतः उन्होंने निर्णय कर लिया कि चाहे करोड़ों रुपए क्यों न खर्च करने पड़ें, उन्हें जी टी.वी. के अस्तित्व को मिटाना ही होगा।

लेकिन जी टी.वी. और स्टार टी.वी. के बीच हुए करार के अनुसार स्टार टी.वी. को जी टी.वी. के कार्यकलापों में हस्तक्षेप नहीं करना चाहिए और जी टी.वी. के विकास में बाधा नहीं डालनी चाहिए। करार के अनुसार जी टी.वी. से संबंध न रखनेवाले केवल अंग्रेजी चैनलों का प्रसारण ही स्टार टी.वी. कर सकता था। लेकिन रूपर्ट मर्डोक करार का अतिक्रमण करके जी टी.वी. के विरुद्ध काम करने में लग गए। वे इसके लिए किसी भी मुकदमे का सामना करने के लिए भी तैयार थे।

स्टार प्लस द्वारा हिंदी कार्यक्रमों का प्रसारण

सन् 1996 से स्टार टी.वी. समूह के प्रमुख चैनल स्टार प्लस में हिंदी कार्यक्रमों का प्रसारण होने लगा। यह करार के विरुद्ध था। यह भारी गलती थी। सुभाष न्यायालय का दरवाजा खटखटा सकते थे। कुछ समाचार-पत्र भी रूपर्ट के खिलाफ लेख लिखकर सुभाष चंद्रा को उकसा रहे थे कि वे रूपर्ट के खिलाफ कुछ करें। उन्हें और उकसाने के लिए जी टी.वी. के भविष्य पर प्रश्न-चिह्न

लगाकर मीडिया में टिप्पणियाँ निकलने लगीं। सुभाष स्वभाव से गुस्सैल व्यक्ति हैं। इस प्रकार की तीखी टिप्पणियों व लेखों को पढ़कर उनका गुस्सा और बढ़ गया। लेकिन उन्हें पता था कि यह गुस्सा जताने का समय नहीं है, क्योंकि थोड़ी भी गड़बड़ कहीं हो जाती तो सारा मामला बिगड़ सकता था। वे साक्षात्कारों में अत्यंत सहजता से पत्रकारों के प्रश्नों के उत्तर देते रहे और कहते थे कि स्टार प्लस कभी भी जी टी.वी. के लिए प्रतिद्वंद्वी नहीं बनेगा और बन भी नहीं सकता।

उन्हें पूरा विश्वास था कि रूपर्ट करार का अतिक्रमण नहीं करेंगे और स्टार टी.वी. कभी भी जी टी.वी. के लिए प्रतिद्वंद्वी नहीं बनेगा। अगर स्टार प्लस स्वयं जी टी.वी. से चुनौती करता तो भी यह सुभाष के लिए बड़ी समस्या नहीं थी। जी टी.वी. शिखर पर था और उसके सामने बैठने के लिए कई सालों की कोशिश की जरूरत थी। सुभाष चंद्रा के साथ-साथ उनकी टीम भी इस चुनौती का सामना करने को तैयार थी। लोगों में, दर्शकों में जी टी.वी. की धाक थी। प्रतिद्वंद्वी की स्थिति में भी दर्शक जी टी.वी. का समर्थन करेंगे, इस बात पर सुभाष चंद्रा आश्वस्त थे।

लेकिन रूपर्ट की भावना में खोट थी और वे किसी भी कीमत पर जी टी.वी. के अस्तित्व को मिटाने का काम करते रहे। वे स्टार टी.वी. को नंबर वन बनाने के लिए दिन-रात योजनाएँ बनाते रहे। अपने इस प्रयास में बीच में आनेवाली किसी शक्ति का सामना करने के लिए तैयार थे। उन्हें अपने धन-बल पर अपार विश्वास था। उन्हें पता था कि पैसे से वे इस दुनिया में कुछ भी कर सकते हैं। असंभव कुछ भी नहीं है।

रूपर्ट स्टार प्लस टी.वी. के हिंदी कार्यक्रमों के लिए पानी की तरह पैसा बहाने लगे। हरेक क्षेत्र के विशेषज्ञ को मुँह माँगा पैसा देकर खरीदा गया और हरेक कार्यक्रमों को नवीनता व

आधुनिकता से प्रस्तुत करने लगे। संक्षेप में कहा जाए तो सरकारी दूरदर्शन को पीछे धकेलने के लिए जी टी.वी. समूह ने जो कुछ किया था, उसी को स्टार प्लस वाले अब कर रहे थे। धीरे-धीरे स्टार प्लस के हिंदी चैनल के दर्शकों का दायरा बढ़ने लगा। दिन-ब-दिन दर्शकों की संख्या बढ़ने लगी। सुभाष चंद्रा मौन रहे। वे इस समस्या को बातचीत से हल करना चाहते थे। लेकिन रूपर्ट तो रास्ते पर आनेवाले आदमी नहीं थे।

स्टार पर मुकदमा

जब मामला हद से पार हो गया तो सुभाष चंद्रा ने न्यायालय का दरवाजा खटखटाया। उन्होंने मुकदमा दायर किया कि स्टार टी.वी. ने अपने करार का अतिक्रमण किया है। स्टार टी.वी. को इसकी अपेक्षा थी और मामले का सामना करने के लिए वह तैयार था। मुकदमा चलता रहा। महीने-साल बीतने लगे। रूपर्ट के पास पैसा था। वे चाहे तो संसार के किसी भी कोने से प्रसिद्ध वकीलों को बुलवाकर मुकदमा लड़ सकते थे और जान-बूझकर मुकदमे को लंबा खींच सकते थे।

इधर स्टार प्लस की धाक बढ़ती गई। स्टार टी.वी. का जी टी.वी. के साथ मुकाबला होने लगा। सुभाष चंद्रा धर्म संकट में थे, क्योंकि मुकदमे में अधिक समय बिताने के कारण वे जी टी.वी. के प्रशासनिक मामलों पर कम ध्यान दे पाते थे। परिणामस्वरूप व्यवसाय की गति धीमी पड़ने लगी। अतः सुभाष चंद्रा स्टार टी.वी. के साथ बात करने के लिए तैयार हो गए। वे बात करके मामला हल करना चाहते थे। वे चाहते थे कि बातचीत से करार को रद्द कर दिया जाए और दोनों को अपनी मरजी से, स्वतंत्र रूप से काम करने दिया जाए। वे रूपर्ट के साथ न दोस्ती रखना चाहते थे, न दुश्मनी।

न दोस्ती, न दुश्मनी

सन् 1998 में करार रद्द कर दिया गया और दोनों टी.वी. स्वतंत्र रूप से काम करने के लिए राजी हो गए। रूपर्ट को भी इसी की अपेक्षा थी। अब वे स्वतंत्र रूप से हिंदी कार्यक्रमों का निर्माण कर सकते थे। जी टी.वी. के साथ मुकाबला करने की अगली योजना में वे सतत लगे रहे।

सुभाष चंद्रा को एक ओर करार टूटने का दुःख था तो दूसरी ओर रूपर्ट के पंजे से छूटने का सुख भी था। लोगों की तरह-तरह की बातों पर उन्होंने पूर्ण विराम लगा दिया। लोग कहते थे कि सुभाष चंद्रा हार जाएँगे और जी टी.वी. समूह रूपर्ट के पास चला जाएगा। लेकिन ऐसा कुछ नहीं हुआ। जी टी.वी. समूह सुभाष चंद्रा के पास ही रहा, केवल स्टार टी.वी. से संबंध टूटा। जी और स्टार के बीच का करार टूटने के बाद सुभाष चंद्रा ने रूपर्ट से जी टी.वी. के शेयर खरीद लिये। इस प्रकार जी टी.वी. के करीब 65 प्रतिशत शेयर सुभाष चंद्रा के पास आ गए और जी टी.वी. का पूरा अधिकार उनके हाथों में बना रहा। इसे सुभाष चंद्रा अपनी जीत मानते थे। जी टी.वी. के निवेशकों की बैठक में रूपर्ट उन्हें धमकाकर दबाना चाहते थे, लेकिन अंत में सुभाष चंद्रा की ही जीत हुई। लोगों के बीच यह प्रश्न उठने लगा कि सचमुच जीत किसकी हुई है, सुभाष चंद्रा की या रूपर्ट की?

पैसे की दृष्टि से देखा जाए तो जीत सुभाष चंद्रा की हुई थी। जी टी.वी. के कार्यकलापों में अब रूपर्ट दखल नहीं दे सकते थे। सुभाष चंद्रा अपनी मरजी के कार्यक्रम तैयार कर सकते हैं और भारत के नंबर वन नेटवर्क की स्थिति को बनाए रख सकते थे।

दूसरी ओर करार टूटने से स्टार टी.वी. को इस बात की पूरी स्वतंत्रता मिल गई कि वह अपनी अपेक्षानुसार हिंदी कार्यक्रम

बनाए और प्रसारित करे। अब वे 24 घंटे के हिंदी चैनल शुरू करने की योजना बनाने लगे और जी टी.वी. के साथ सीधा मुकाबला करने के काम में लगे रहे।

सुभाष चंद्रा को भी पता था कि करार टूटते ही जी टी.वी. और स्टार टी.वी. का सीधा मुकाबला होगा। वे भी इस चुनौती को स्वीकारने के लिए तैयार थे। वे अपनी टीम का हौसला बढ़ाते रहे। स्टार टी.वी. का मुकाबला करने के लिए जी टी.वी. ने धारावाहिकों और विशेष कार्यक्रमों का निर्माण किया। इसके अलावा, कुछ नए चैनल शुरू करने की तैयारियाँ भी होने लगीं। वे किसी भी कीमत पर अपने दर्शकों को खोना नहीं चाहते थे।

स्टार टी.वी. भी अपने पूरे दल-बल के साथ जी टी.वी. का मुकाबला कर रहा था और एक कार्यक्रम में उन्होंने सुभाष चंद्रा के हौसले को तोड़ ही दिया।

❑

12

टूटता तिलिस्म

"ज्ञान के व्यवसाय में कर्मचारियों की योग्यता, कार्य-कुशलता, सक्षमता सोने के समान कीमती होती है।"

समीर नायर और पीटर मुखरजा यूरोपीय देशों में चल रहे लोकप्रिय कार्यक्रम 'हू वांट्स टु बी ए मिलेनियर' का भारतीय संस्करण तैयार कर रहे थे। इस प्रश्न-मंच में विजेता को एक लाख रुपए पुरस्कार के रूप में दिए जाने की योजना बनाई गई। इसलिए उसका नाम 'कौन बनेगा लखपति' रखना तय हुआ था।

समीर नायर ने आश्वासन दिया था कि 'कौन बनेगा लखपति' कार्यक्रम स्टार टी.वी. के दर्शकों की संख्या काफी बढ़ा देगा और विज्ञापनों के जरिए मिलनेवाली आमदनी भी बढ़ेगी। कार्यक्रम निर्माण के दौरान रूपर्ट भारत आए।

स्टार का ब्रह्मास्त्र

स्टार टी.वी. के प्रशासकों ने रूपर्ट को बताया कि उन्हें जी टी.वी. को मटियामेट करने का ब्रह्मास्त्र मिल गया है। उस अमोघ अस्त्र को वे रूपर्ट को दिखाना चाहते थे। 'कौन बनेगा लखपति'

की झलक देखने के बाद रूपर्ट ने पूछा, "एक लाख कितना होता है?"

कर्मियों ने करेंसी डॉलर में बताई। सुनकर वे थोड़ी देर विचारमग्न रहे, फिर बोले, "यह रकम तो बहुत कम है।"

लोगों ने कहा, "नहीं सर, यह तो बहुत बड़ी रकम है।"

इस पर उन्होंने कहा, "रकम ऐसी होनी चाहिए कि लोग सुनकर मुँह खोलें तो खुला-का-खुला रह जाए।"

लोगों ने हिचकिचाते हुए पूछा, "इसे 10 लाख कर दें?"

"100 लाख कर दीजिए।"

साँसें मानो रुक गईं। सबके चेहरे के भावों को पढ़कर रूपर्ट ने कहा, "इस कार्यक्रम को सुपरहिट बनाने के लिए यह जरूरी है।"

स्टार टी.वी. के प्रशासकों को मर्डोक का मास्टर प्लान समझ में आने लगा। वे समझ गए कि रूपर्ट इस बात पर दृढ़ हैं कि चाहे करोड़ों खर्च हो जाएँ, लेकिन ज़ी टी.वी. को मटियामेट कर

देना है। उसी समय कार्यक्रम का नाम बदल दिया गया। 'कौन बनेगा लखपति' तुरंत 'कौन बनेगा करोड़पति' हो गया। लोगों के बीच यह कार्यक्रम 'के.बी.सी.' के नाम से प्रसिद्ध होने लगा। घोषणा की गई कि इस कार्यक्रम में पूछे जानेवाले सभी प्रश्नों के सही जवाब देनेवाले को एक करोड़ रुपए दिए जाएँगे।

होस्ट अमिताभ बच्चन

'स्टार' ने एक और अभेद्य अस्त्र का प्रयोग किया। वह हिंदी के सुपर स्टार अमिताभ बच्चन को पहली बार टेलीविजन के कार्यक्रम में ले आया। पुरस्कार राशि 1 करोड़! अमिताभ बच्चन! आकर्षक सेट! शहरों और गाँवों में विज्ञापन! यह सचमुच ब्रह्मास्त्र साबित हुए।

जब 'कौन बनेगा करोड़पति' कार्यक्रम को अमिताभ ने अपनी धीर-गंभीर आवाज से शुरू किया तो दर्शक अपनी भूख-प्यास भूलकर, छोटे परदे के सामने बैठकर कार्यक्रम देखने लगे। सभी इसके इंतजार में थे कि एक करोड़ रुपए जीतनेवाला सौभाग्यशाली कौन होगा।

स्टार टी.वी. का यह ब्रह्मास्त्र सटीक काम कर रहा था।

इससे जी टी.वी. के दर्शकों की संख्या धीरे-धीरे कम होने लगी। तब भी सुभाष चंद्रा ने हिम्मत और आशा नहीं खोई। करोड़पति की निर्माण प्रक्रिया और कार्यकलाप आदि हर विषय का वे ध्यान से अध्ययन करने लगे। उन्हें विश्वास था कि केवल एक कार्यक्रम जी टी.वी. के अस्तित्व को नहीं हिला सकता। उन्हें लगा कि दर्शक अमिताभ के मोह में उस कार्यक्रम को देखते हैं और दो-तीन महीने में मोह कम होते ही उस कार्यक्रम को लोग भूल जाएँगे। लेकिन ऐसा नहीं हुआ। करोड़पति महीनों तक टेलीविजन कार्यक्रमों में टॉप पर बना रहा और उसके दर्शकों की संख्या सबसे अधिक थी। परिणामतः सुभाष चंद्रा चिंतित होने लगे। लेकिन स्टार टी.वी. के पास केवल यही एक सुपर कार्यक्रम था। वहीं जी टी.वी. के पास चार-पाँच सुपर कार्यक्रम थे। अतः केवल करोड़पति कार्यक्रम से जी टी.वी. को हिलाना संभव नहीं था। पर उनका यह हिसाब गलत निकला। स्टार टी.वी. के.बी.सी. के बाद नए-नए कार्यक्रमों से जी टी.वी. पर तेज आक्रमण करने लगा और इसमें उसे सफलता भी मिली।

स्टार टी.वी. ने अपने 'कौन बनेगा करोड़पति' कार्यक्रम की सफलता का खूब लाभ उठाया। इस कार्यक्रम को केंद्र में रखकर वे अपने अन्य कार्यक्रमों की मार्केटिंग करते थे। खासकर लंबे समय तक चलनेवाले धारावाहिकों को करोड़पति कार्यक्रम के बीच-बीच में प्रचारित करते थे। धीरे-धीरे स्टार टी.वी. बच्चों, बूढ़ों, महिलाओं, खेल, समाचार, पर्यटन, प्रेम, अध्यात्म आदि सभी क्षेत्रों से संबंधित मेगा सीरियल बनाने लगा और करोड़पति के बीच-बीच में इनके विज्ञापन देकर यह साबित करता रहा कि उनके पास केवल 'करोड़पति' ही नहीं, इस तरह के और भी कार्यक्रम हैं। इस प्रकार स्टार टी.वी. हिंदी भाषियों के साथ-साथ अन्य दर्शकों को भी अपने कार्यक्रमों की ओर आकर्षित कर रहा

था। इससे जी टी.वी. के दर्शकों की संख्या तेजी से घटने लगी। टॉप टेन के कार्यक्रमों में जी टी.वी. के कार्यक्रम गायब होने लगे और वहाँ स्टार टी.वी. के कार्यक्रम आने लगे।

शिखर पर स्टार प्लस

अल्पावधि में स्टार प्लस शिखर पर पहुँच गया और शिखर पर रहे जी टी.वी. को उसने पाताल में धकेल दिया। यह तो किसी ने कल्पना तक नहीं की थी। अनेक सालों से नंबर वन स्थान पर काबिज रहनेवाला जी टी.वी. पहली बार दूसरे स्थान पर आया। रूपर्ट की इच्छा पूरी हुई और वे भारत में भी नंबर वन बन गए।

जी टी.वी. का पतन

बाद में जी टी.वी. को दूसरे स्थान से भी नीचे उतरना पड़ा। कहीं पाताल में रहे सोनी टी.वी. का भी तेजी से जागरण हुआ और उसका विकास भी इतना अधिक हुआ कि उसने जी टी.वी. को तीसरे स्थान पर धकेल दिया। सुभाष चंद्रा को हार नहीं, शर्मनाक हार देखनी पड़ी। भारत के सेटैलाइट चैनल का सम्राट् रहा जी टी.वी. अब अपने अस्तित्व के लिए संघर्ष कर रहा था। ऐसा क्यों हुआ? कहाँ गलती हुई? इस पर सुभाष चंद्रा गंभीरता से विचार करने लगे।

जी टी.वी. के प्रारंभिक दिनों में सुभाष चंद्रा ने दूरदर्शन और जी टी.वी. में आकाश और पाताल का अंतर दिखाया। कार्यक्रम और उनकी प्रस्तुति आदि सभी में वे शिखर पर थे। भारत के दर्शक पहली बार मनोरंजन का पूरा लुत्फ उठा रहे थे। जी टी.वी. के एक-एक कार्यक्रम से वे दर्शकों को आश्चर्यचकित कर देते थे। जी टी.वी. में काम करनेवालों की प्रशंसा हर कहीं होती थी। जी टी.वी. के कर्मचारियों

के लिए यह गौरव की बात थी। उनके मन में यह बात घर कर गई थी कि वे जो भी करेंगे, उसे दर्शक स्वीकार कर लेंगे। दर्शक उसे छोड़कर कहीं नहीं जाएँगे। शायद यही भावना उनकी हार के लिए पहली सीढ़ी बनी। इस बात को सुभाष चंद्रा भी स्वीकारने लगे। उन्होंने मान लिया कि इसमें स्टार टी.वी. या करोड़पति कार्यक्रम की कोई गलती नहीं है, गलती उनकी है। स्टार टी.वी. नहीं तो और कोई यह काम कर देता, क्योंकि लापरवाही की भावना बढ़ गई थी।

वास्तव में जी टी.वी. कार्यक्रम निर्माताओं एवं अन्य कर्मचारियों का अहंकार और उनकी यह भावना कि उन्हें कोई मात नहीं दे सकता, दोनों ने उनके कार्यक्रम की गुणवत्ता को नीचे ला दिया था। कुछ लोगों द्वारा संकेत किए जाने के बावजूद उन्होंने इस ओर ध्यान नहीं दिया। 'लोग देखते हैं, तालियाँ बजाते हैं तो आप इसमें क्यों गलती निकालते हैं', यही उनका तर्क था। इस प्रकार वे एक ही प्रकार के कार्यक्रमों का निर्माण करने लगे और दर्शक उनसे ऊब गए।

इस हार के लिए सुभाष चंद्रा भी एक कारण रहे। उनकी सबसे बड़ी गलती यह थी कि उन्होंने अपने आरंभिक अनेक कर्मचारियों को अपनी कंपनी के शेयर दिल खोलकर दिए। यह तो होता ही है कि कंपनी अपने आरंभिक कर्मचारियों को कुछ विशेष अधिकार देती है। सुभाष चंद्रा ने भी वही किया। सुभाष चंद्रा ने यह सोचकर उन्हें शेयर दिए कि उनकी कंपनी के शेयरों का मूल्य दिन-प्रतिदिन बढ़ रहा है। कंपनी के कर्मचारी भी शेयर बेचकर थोड़ा मुनाफा कमाएँ। हुआ भी वही–सुभाष चंद्रा ने जिन लोगों को शेयर दिए, उन्होंने अच्छी कीमत पर बेच दिए; क्योंकि उस समय जी टी.वी. के शेयर अच्छी कीमत पर बिक रहे थे। इस प्रकार वे लखपति और करोड़पति बन गए। कल तक मासिक वेतन पर निर्भर कर्मचारी आज लखपति या करोड़पति बन जाएँ तो उनका हाल पूछना ही क्या? वे लोग कार्यालय नहीं आते थे, बल्कि अपनी रुचि के धंधे में लग गए। इस प्रकार जी टी.वी. के विकास में लगे कर्मी एक-एक करके निकलने लगे। इससे भी जी समूह बुरी तरह प्रभावित हुआ। तकनीकी और गैर-तकनीकी दोनों क्षेत्रों में अनुभवी लोगों की कमी हो गई। प्रतिभावान् और मेहनती कर्मचारी जी टी.वी. से हटने लगे। समग्र रूप से कहा जाए तो कार्यालय में मंदी छा गई। जिम्मेदारी और लगन से काम करनेवाले मुश्किल से मिलने लगे।

सवाल दस करोड़ का

सुभाष चंद्रा की समझ में नहीं आ रहा कि वे क्या करें? जी टी.वी. अंदर और बाहर दोनों ओर से हिलने लगा। इस बीच उन्होंने और एक गलती की। उन्होंने सोचा कि करोड़पति कार्यक्रम के मुकाबले वे दस करोड़ का कार्यक्रम बनाएँगे, जिससे दर्शक दुबारा जी टी.वी. की ओर आ जाएँगे। कार्यक्रम बनने लगा। कार्यक्रम का नाम रखा गया–'सवाल दस करोड़ का'। लेकिन जितनी तेजी से यह कार्यक्रम

बना, उतनी ही तेजी से बंद भी हो गया। इस हार का मुख्य कारण यह था कि उन्होंने अक्षरशः 'कौन बनेगा करोड़पति' कार्यक्रम की नकल की, जो दर्शकों को पसंद नहीं आई। मूल को स्वीकार करके दर्शकों ने नकल को तिरस्कृत कर दिया।

पहली बार जी टी.वी. दूसरों को देखकर अपने कार्यक्रम बनाने लगा। इसके पहले की स्थिति दूसरी थी। उनके कार्यक्रमों की दूसरे लोग नकल करते थे, लेकिन अब स्थिति विपरीत हो गई थी। इससे उनका पतन होने लगा। अब तक जी टी.वी. अपनी मेहनत, सूझ-बूझ और प्रतिभा से काम करता था, लेकिन अब नकल करके आगे बढ़ने की स्थिति थी और इससे उन्हें हार ही मिली। सुभाष चंद्रा को यह मालूम था।

पराजय के भय से किया गया हरेक कार्य उन्हें और पतन की ओर ही धकेल रहा था। स्टार प्लस की हिमालयी जीत देखकर सुभाष चंद्रा के मन में कंपन होने लगा। उन्होंने अपने कर्मचारियों से नए-नए कार्यक्रमों का निर्माण करने को कहा। लेकिन दर्शकों ने नए कार्यक्रमों का स्वागत नहीं किया और सबके सब असफल निकले। यही नहीं, नए कार्यक्रमों के कारण वे अपने पुराने हिट कार्यक्रम बंद करने लगे, जिससे जी टी.वी. और पतन की ओर बढ़ने लगा। जी टी.वी. के अनेक नियमित दर्शकों को इनके नए रवैए से चिढ़ हुई और उन्होंने उसे देखना बंद कर दिया। परिणामतः जी टी.वी. को मिलनेवाले विज्ञापनों की संख्या घट गई और इससे मिलनेवाली आमदनी भी कम हो गई। समय ऐसा आ गया कि दर्शक व विज्ञापनदाता दोनों सुभाष चंद्रा को छोड़कर भागने लगे और जी टी.वी. तेजी से रसातल की ओर बढ़ने लगा।

❑

13

क्रिकेट का खुमार

''अपने अभीष्ट मार्ग पर सतत चलने रहें, मंजिलें खुद आपसे आ मिलेंगी।''

क्रिकेट में आज हजारों करोड़ रुपए लगाए जाते हैं। यह खिलाड़ियों, प्रायोजकों और टेलीविजन सबके लिए नोट छापने की मशीन है। वे इससे करोड़ों रुपए कमाते हैं। कहाँ से आता है इतना पैसा?

क्रिकेट खिलाड़ियों की बनियानों में छपे चिह्नों (लोगो) से लेकर टिकट, मैदान में प्रदर्शित किए जानेवाले विज्ञापन, ब्रेक के समय दिए जानेवाले ड्रिंक्स, सीधा प्रसारण, अप्रत्यक्ष प्रसारण आदि सभी क्षेत्रों में पैसा-ही- पैसा है। टेलीविजन चैनल भी इससे खासी कमाई करते हैं।

इतनी कमाई देख सुभाष चंद्रा के मन में भी इच्छा जगी कि वे भी इस क्षेत्र में उतरें। स्टार टी.वी. के साथ मुकाबला करते समय ही यह योजना उनके मन में आ चुकी थी। जिस प्रकार स्टार टी.वी. ने 'करोड़पति' कार्यक्रम को आधार बनाकर अन्य कार्यक्रमों का विकास किया, उसी प्रकार सुभाष चंद्रा क्रिकेट को आधार बनाकर जी टी.

वी. को आगे लाने की योजना बनाने लगे।

वर्ष 2000 में अंतरराष्ट्रीय क्रिकेट परिषद् (आई.सी.सी.) ने दुनिया भर में होनेवाले क्रिकेट मैचों के प्रसारण अधिकार के लिए निविदाएँ आमंत्रित कीं। जी टी.वी. ने 6 अरब डॉलर पर यह काम करने के लिए निविदा प्रस्तुत की। इस नीलामी में कोई दूसरा चैनल इतनी बड़ी रकम खर्च करने को तैयार नहीं था।

क्रिकेट प्रसारण अधिकार

सुभाष चंद्रा का मानना था कि रकम चाहे कितनी भी खर्च हो, हम उसे पुनः कमा सकते हैं; लेकिन किसी भी मूल्य पर इस अधिकार को प्राप्त करना होगा। स्टार प्लस के 'करोड़पति' जैसे कार्यक्रम के प्रभुत्व से जी टी.वी. को बचाने के लिए वे यह जोखिम उठाना चाहते थे। इसलिए उन्होंने सबसे बड़ी रकम 60 करोड़ डॉलर को दाँव पर लगाया। सुभाष चंद्रा को पूरी आशा थी कि अंतरराष्ट्रीय क्रिकेट को प्रसारित करने का अधिकार उन्हीं को मिलेगा। लेकिन उनका यह सपना साकार नहीं हुआ और आई.सी.सी. ने प्रसारण अधिकार दूसरे को दे दिए। क्यों, उसने सुभाष चंद्रा से अधिक रकम दी थी? नहीं, आई.सी.सी. ने केवल 5 अरब डॉलर लेकर प्रसारण अधिकार दूसरे चैनल को दे दिए।

50 करोड़ बड़े या 60 करोड़? रकम अधिक होने के बावजूद अधिकार न दिए जाने के इस अन्याय को सुभाष चंद्रा बरदाश्त नहीं कर पाए। उन्हें यह कारण बताया गया कि आई.सी.सी. को लगा कि सुभाष चंद्रा से वह दूसरा व्यक्ति क्रिकेट के भविष्य को और उज्ज्वल करेगा। इसलिए उन्होंने कम कोट करनेवाले को प्रसारण अधिकार देने का फैसला किया। इस प्रकार आई.सी.सी. को एक पक्षीय फैसला लेने का पूरा अधिकार था।

सुभाष चंद्रा इस हार से तिलमिला उठे। आई.सी.सी. के विरोध

में वे कुछ करना चाहते थे। अनेक उपाय उनके मन में आए। लेकिन उस समय संसार में होनेवाले सारे क्रिकेट इवेंट्स आई.सी.सी. के अधीन ही थे। अतः उनके विरोध में जी टी.वी. कुछ न कर पाया। सुभाष चंद्रा मौके के इंतजार में शांत रहे। इसके चार साल बाद भारतीय क्रिकेट कंट्रोल बोर्ड (बी.सी.सी.आई.) ने भारतीय टीम द्वारा खेले जानेवाले मैचों को प्रसारित करने का अधिकार देने के लिए नीलामी प्रक्रिया आरंभ की। इस बार भी सुभाष चंद्रा की बोली सबसे अधिक थी। उनकी रकम थी 2 अरब डॉलर। सुभाष के मन में उत्साह था और बोली जीतने की उमंग भी। बोली खत्म हुई। सबसे अधिक रकम देनेवाले जी टी.वी. को प्रसारण अधिकार दिए गए। इसके लिए सुभाष चंद्रा को 2 करोड़ डॉलर अग्रिम राशि के रूप में देने पड़े। इस जीत के लिए चारों ओर से उन्हें बधाइयाँ मिलने लगीं। मनोरंजन को एक नई दिशा देनेवाले सुभाष चंद्रा क्रिकेट को भी एक नई दिशा देकर उसके भविष्य को उज्ज्वल करेंगे। मीडिया ने खूब प्रशंसा की।

इधर सुभाष चंद्रा बधाइयों में मस्त थे तो उधर नीलामी में हारनेवाले ई.एस.पी.एन. चैनल ने न्यायालय का दरवाजा खटखटाया।

ई.एस.पी.एन. का तर्क था कि जी टी.वी. की जीत अवैध है, क्योंकि बी.सी.सी.आई. द्वारा जी टी.वी. को अधिकार दिया जाना नियम-विरुद्ध था। चालू नियमानुसार जिन्हें क्रिकेट प्रसारण का पूर्वानुभव था, उन्हीं को अधिकार दिया जाना चाहिए। लेकिन जी टी.वी. को क्रिकेट के प्रसारण का बिलकुल अनुभव नहीं था, अतः नीलामी में उसका भाग लेना ही अवैध था।

सुभाष चंद्रा का तर्क था कि अगर आप प्रसारण का अधिकार किसी दूसरे को नहीं देते तो उन्हें इसका अनुभव कैसे होगा। नौकरी ढूँढ़नेवालों से अगर आप यह सवाल करेंगे कि आपको इस क्षेत्र में अनुभव है तो वे क्या जवाब देंगे और जब तक उन्हें नौकरी नहीं दी जाती, तब तक उन्हें अनुभव कहाँ से मिलेगा। केवल अनुभव को आधार मानकर किसी को नौकरी दी जाती है तो नव युवकों को जिंदगी भर नौकरी नहीं मिलेगी। करीब-करीब सुभाष चंद्रा की हालत भी यही थी।

सुभाष चंद्रा को क्रिकेट प्रसारण का अधिकार नहीं देते और उलटा यह पूछते हैं कि क्या आपको इसका पूर्वानुभव है? लेकिन जिस व्यक्ति ने न्यायालय का दरवाजा इस बात के लिए खटखटाया था कि जी टी.वी. को इस क्षेत्र में अनुभव नहीं हैं, खुद उस चैनल अर्थात् ई.एस.पी.एन. को भी उस क्षेत्र में कोई व्यक्तिगत अनुभव नहीं था। जब कभी उन्हें क्रिकेट मैच प्रसारित करने की जरूरत पड़ती थी, तब वे इस क्षेत्र के विशेषज्ञों की सेवाएँ लेते थे। इसके बाद मैच की रिकॉर्डिंग, विज्ञापन आदि सभी काम वही करते थे। ई.एस.पी.एन. चैनल उसे उनसे लेकर अपने चैनल में प्रसारित करता था।

अगर ई.एस.पी.एन. के लिए काम करनेवालों के साथ जी टी.वी. करार कर ले तो अनुभव की जरूरत नहीं पड़ती। ई.एस. पी.एन. के काम करने का तरीका सबको मालूम था, फिर भी

किसी ने कुछ नहीं कहा। सुभाष चंद्रा और ई.एस.पी.एन. दोनों आपस में लड़ रहे थे। अंततः दोनों ने ई.एस.पी.एन. के अध्यक्ष डालमिया पर दोषारोपण किया। इस प्रकार यह लड़ाई न्यायालय तक पहुँच गई।

सुभाष चंद्रा को भारत की कानून व्यवस्था और न्यायालय पर पूरा भरोसा था। वे इस आशा में थे कि फैसला उन्हीं के पक्ष में होगा। जब कभी न्यायालय में पेशी पड़ती, तब सुभाष चंद्रा स्वयं हाजिर होकर एक-एक गतिविधि को, दोनों पक्षों के वाद-विवाद को ध्यान से नोट करते थे। मुकदमे के प्रति उनकी रुचि को देखकर उन्हें न्यायालय न आने की धमकियाँ भी दी गईं। मुकदमा वापस लेने की चिट्ठियाँ भी मिलीं। लेकिन इसका सुभाष चंद्रा पर कोई असर नहीं पड़ा।

वास्तव में, इतनी दौड़-धूप के बाद वे पीछे नहीं हटना चाहते थे। अगर यह मुकदमा सही तरीके से चलता तो फैसला जरूर उनके पक्ष में ही होता। इस बीच बी.सी.सी.आई. ने नीलामी रद्द करने की घोषणा कर दी। इस प्रकार सुभाष चंद्रा को दूसरी बार भी क्रिकेट प्रसारण अधिकार प्राप्त करने में असफलता हाथ लगी। अगर सही मायने में नीलामी हुई होती तो जी टी.वी. को वर्ष 2000, 2005, 2006 में जीत ही मिलती। सुभाष चंद्रा को खुद पर भरोसा था; लेकिन बी.सी.सी.आई. और आई.सी.सी. को सुभाष पर भरोसा नहीं था। अतः उन्हें क्रिकेट प्रसारण का अधिकार नहीं दिया गया।

बी.सी.सी.आई. और आई.सी.सी. को छोड़कर दूसरी कोई संस्था क्रिकेट मैचों का आयोजन नहीं कर सकती? सुभाष चंद्रा स्वयं मैचों का आयोजन करके उसका प्रसारण करना चाहते थे। यह सुनने में तो बहुत अच्छा लगता है, लेकिन इसे व्यवहार में लाना बहुत कठिन था। वे परंपरा से हटकर कुछ नया करना चाहते थे।

क्रिकेट को नया रूप देकर उसके जरिए जी स्पोर्ट्स चैनल को सफलता के शिखर पर देखना चाहते थे। इसके लिए उन्हें रास्ता दिखानेवाला एक व्यक्ति चाहिए था। उसकी कहानी इस प्रकार है।

कैरी पैकर की कहानी

'70 के दशक में मीडिया मुगल कैरी पैकर ने ऑस्ट्रेलिया क्रिकेट बोर्ड से अलग अपना टूर्नामेंट शुरू किया था और उनकी टीम में दुनिया भर के कई दिग्गज शामिल थे।

आधुनिक एक दिवसीय क्रिकेट का जो रूप आज आप देख रहे हैं, इसकी शुरुआत 30 साल पहले ऑस्ट्रेलिया में हुई थी। प्रसारण अधिकार नहीं मिलने पर ऑस्ट्रेलिया के मीडिया बादशाह कैरी पैकर ने क्रिकेट का हुलिया ही बदल दिया था। उस वक्त पाजामा क्रिकेट के नाम पर जब क्रिकेट के नए रंग-रूप का मखौल उड़ाया जाता था तो किसी को पता नहीं था कि आनेवाले

कैरी पैकर

दिनों में यही क्रिकेट इतना प्रसिद्ध हो जाएगा।

सफेद पोशाक की जगह रंगीन कपड़े, दिन-रात मैच, रंगीन क्रिकेट बॉल, यह सब पैकर की ही देन है। 1977 में कैरी पैकर ने अपने टेलीविजन चैनल 'चैनल नाइन' के लिए ऑस्ट्रेलिया बोर्ड से 15 लाख डॉलर के शुल्क के साथ प्रसारण अधिकार माँगे थे। लेकिन जब उनका प्रस्ताव ठुकरा दिया गया तो पैकर ने वर्ल्ड क्रिकेट सीरीज शुरू कर दी।

पचास बड़े खिलाड़ियों जैसे ग्रेग चैपल, इयान चैपल, क्लाइव लॉयड, टोनी ग्रेग और माजिद खान जैसे खिलाड़ियों को अपने साथ शामिल कर उन्होंने क्रिकेट बिरादरी में हड़कंप मचा दिया। सिर्फ क्रिकेट का रंग ही नहीं, उसकी चाल भी बदल गई। क्रिकेट में तेजी आ गई। क्रिकेटरों को ज्यादा पैसे मिलने लगे। क्रिकेट के प्रसारण अधिकार और प्रायोजन के लिए बड़ी बोली लगने लगी।

पैकर सर्कस का मजाक उड़ानेवालों ने भी इसकी लोकप्रियता को देखते हुए अपना नजरिया बदला। अब सुभाष चंद्रा भी कुछ ऐसा ही कर रहे हैं और लगभग उन्हीं वजहों से, जिसकी वजह से कैरी पैकर ने समानांतर क्रिकेट की शुरुआत की थी।

पहली बार 1975 में विश्व कप क्रिकेट खेला गया और एक दिवसीय मैच तभी से प्रसिद्धि पाने लगा। इसके दो साल बाद अंतरराष्ट्रीय क्रिकेट में एक नई समस्या पैदा हुई। इस समस्या को पैदा करनेवाला था कैरी पैकर, जो ऑस्ट्रेलिया निवासी था। क्रिकेट बोर्ड और इसके बीच कोई सीधा संबंध नहीं था। वह एक व्यापारी था, लेकिन क्रिकेट में उसकी गहरी रुचि थी और क्रिकेट की दुनिया में वह एक प्रमुख व्यक्ति था। कैरी पैकर 'चैनल नाइन' का मालिक था। उसने यह माँग की कि ऑस्ट्रेलिया द्वारा खेले जानेवाले सभी मैचों का प्रसारण अधिकार केवल उसी को दिया जाए अर्थात् चैनल नाइन द्वारा ही प्रसारण हो। लेकिन

उसकी इस माँग को ऑस्ट्रेलिया क्रिकेट बोर्ड ने अस्वीकार का दिया। इससे क्रुद्ध पैकर दूसरे तरीकों से बोर्ड पर आक्रमण करने लगा।

उसे जमाने में क्रिकेट का आयोजन करनेवाले प्रायोजक बहुत कमाते थे, लेकिन वे क्रिकेट खिलाड़ियों को बहुत कम पैसा देते थे। अतः केवल क्रिकेट के भरोसे खिलाड़ी अपना जीवन नहीं चला पाते थे और उन्हें नौकरी भी करनी पड़ती थी। पैकर ने तीखी टिप्पणी करते हुए कहा कि क्रिकेट के आयोजक खूब कमाते हैं, लेकिन धूप में खेलनेवाले खिलाड़ियों को कम पैसा देते हैं। यह सरासर अन्याय है। उसने घोषणा की कि वह इसके लिए एक उपाय करनेवाला है।

अनेक सीनियर खिलाड़ी उसका साथ देने को तैयार थे। मामला गरम होता गया। पैकर ने एक नए प्रकार का क्रिकेट आरंभ करने की योजना बनाई। उसने कहा, "अंतरराष्ट्रीय क्रिकेट परिषद् और उसकी उप-शाखाएँ क्रिकेट खिलाड़ियों को समुचित वेतन नहीं देते। मैं खिलाड़ियों की समस्याओं को दूर करनेवाला हूँ। उनके लिए नए प्रकार के मैच आयोजित करनेवाला हूँ।"

वास्तव में क्रिकेटरों से उन्हें कोई लेना-देना नहीं था। उनकी भलाई के लिए उसने यह घोषणा नहीं की थी, बल्कि प्रसारण अधिकार न देनेवाले ऑस्ट्रेलियाई क्रिकेट बोर्ड को चिढ़ाने के लिए ही यह सब कहा और वर्ल्ड सीरीज क्रिकेट (डब्ल्यू.एस.सी.) के नाम से क्रिकेट सीरीज का आयोजन करने की योजना बनाई।

कैरी पैकर की इस घोषणा से न केवल ऑस्ट्रेलियाई क्रिकेट बोर्ड बल्कि आई.सी.सी. भी रुष्ट हो गया। क्रुद्ध आई.सी.सी. ने कहा कि डब्ल्यू.एस.सी. में खेलनेवाले खिलाड़ियों को आई.सी.सी. द्वारा आयोजित मैचों में खेलने की अनुमति नहीं दी जाएगी। लोग सोच रहे थे कि आई.सी.सी. की इस घोषणा से डब्ल्यू.एस.सी. में

खेलने के लिए तैयार हो रहे सीनियर खिलाड़ी पीछे हट जाएँगे। कैरी पैकर ने न्यायालय का दरवाजा खटखटाया और न्यायालय ने आई.सी.सी. की घोषणा रद्द कर दी।

वर्ष 1977 में चले इस मुकदमे में कैरी की जीत हुई। आई.सी.सी. की अपेक्षा डब्ल्यू.एस.सी. ने अपने खिलाड़ियों को अधिक सुविधाएँ और वेतन प्रदान किए। यही नहीं, न्यायालय का फैसला भी उसके पक्ष में रहा था। अतः कैरी पैकर ने मुखरता से मैचों का आयोजन किया। वह अपने चैनल नाइन के प्रचार-प्रसार में तेजी लाने के लिए नई-नई युक्तियाँ अपनाने लगा। मिसाल के तौर पर, अब तक सफेद पैंट और शर्ट में खेलते आए खिलाड़ियों को रंगीन पोशाकें दी गईं। हरेक टीम के लिए अलग-अलग रंग नियत किया गया। दूसरा नयापन यह था कि अब तक क्रिकेट दिन के समय धूप में खेला जाता था। पैकर दिन-रात मैचों का आयोजन करने लगा। केवल दिन के उजाले में मैच देखनेवाले दर्शकों को दिन-रात खेला जानेवाला मैच नया और अनूठा लगा। इसकी ओर अधिक दर्शक आकर्षित होने लगे। विभिन्न रंगों की ड्रेस में खिलाड़ी भी खुश थे।

अब तक डब्ल्यू.एस.सी. के मैचों की तुलना में आई.सी.सी. मैचों को ही आलोचक मानक मैच मानते थे। लेकिन कालांतर में जनता की इच्छा और रुचि को देखते हुए खेल समीक्षक भी कैरी की इस नई युक्ति का स्वागत करने लगे। कैरी ने भी अपना प्रयास जारी रखा और इस सीरीज को और प्रसिद्ध करने के लिए नई-नई योजनाएँ व युक्तियाँ बनाईं।

वास्तव में, आज विज्ञापन और क्रिकेट अभिन्न अंग बन गए हैं तो इसका प्रमुख कारण कैरी पैकर ही हैं। 'बिग ब्वॉय प्ले एट नाइट' इस तरह के शरारतपूर्ण वाक्य का प्रयोग डब्ल्यू.एस.सी. सीरीज को प्रचारित करने के लिए किया गया।

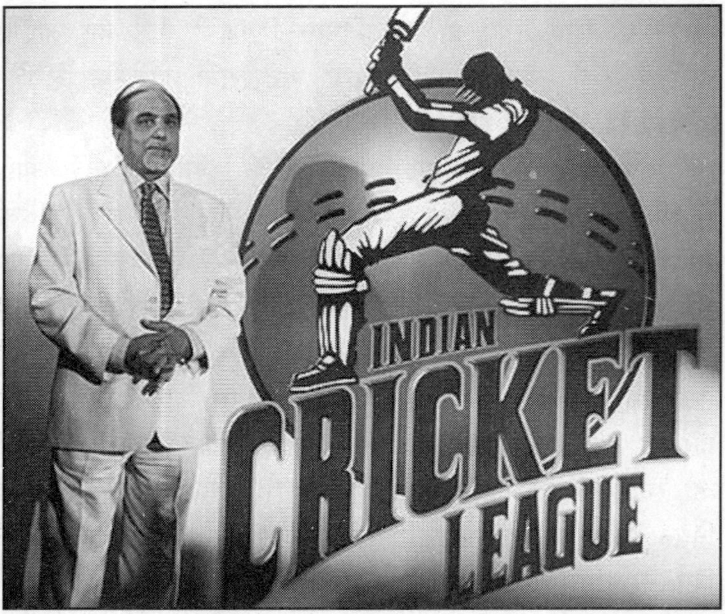

दिन-रात के मैच के नए अध्याय का आरंभ धूमधाम से हुआ और उसे लोगों का स्वागत व समर्थन भी मिला। कैरी पैकर जानता था कि केवल विज्ञापन के भरोसे क्रिकेट को चला पाना मुश्किल है। अतः उसने और दो काम किए। पहला यह कि प्रसिद्ध खिलाड़ियों के साथ उसने करार किया। इयान चैपल, टोनी ग्रेग, लॉयड जैसे दिग्गज खिलाड़ी उनके मैच में खेलने लगे। इससे उन्होंने जनता या दर्शकों के सामने यह तर्क रखा कि डब्ल्यू.एस.सी. में ही श्रेष्ठ खिलाड़ी खेलते हैं और डब्ल्यू.एस.सी. के मैच ही अधिक रोमांचकारी होते हैं।

दूसरा, उसका प्रसारण का तरीका अनूठा था। उसने डब्ल्यू. एस.सी. सीरीज के प्रसारण में आधुनिक और नवीन प्रौद्योगिकी को अपनाया। इससे टेलीविजन पर मैच देखना दर्शकों के लिए एक अलग अनुभव बन गया। मिसाल के तौर पर, अगर कोई

खिलाड़ी बिना रन बनाए 'डक आउट' हो जाता तो मैदान से बाहर निकलते समय टेलीविजन के परदे पर एक बतख उसके साथ चलती नजर आती थी। इस प्रकार, कार्टून का प्रयोग करके वे दर्शकों को गंभीर परिस्थितियों में भी हँसाते थे। चैनल नाइन और भी अनेक आकर्षक तत्त्वों को जोड़ता रहा। कैरी पैकर मैदान के दोनों ओर कैमरा लगाकर खेल का प्रसारण आकर्षक ढंग से करता था। इस प्रकार ऑस्ट्रेलियाई दर्शक डब्ल्यू.एस.सी. सीरीज के मैच रुचिपूर्वक देखने लगे। धीरे-धीरे यह सीरीज ऑस्ट्रेलिया से निकलकर अन्य देशों में पहुँची। इस प्रकार पैकर की धाक जमने लगी और आई.सी.सी. की आमदनी व प्रसिद्धि कम होने लगी। क्रिकेट बोर्ड उसके साथ बातचीत के लिए तैयार हुआ। अंततः ऑस्ट्रेलिया द्वारा खेले जानेवाला मैचों का प्रसारण अधिकार पैकर को देने का फैसला किया गया।

सुभाष चंद्रा ने भी अपने चैनल जी स्पोर्ट्स के लिए क्रिकेट प्रसारण अधिकार हासिल करने के लिए वर्ष 2000 और 2004 में भारी-भरकम रकम की बोली लगाई और दोनों ही बार उन्हें असफलता मिली। वर्ष 2000 में तो 60 करोड़ डॉलर की सबसे बड़ी बोली लगाने के बावजूद आई.सी.सी. ने क्रिकेट प्रसारण अधिकार देने से मना कर दिया।

चार साल बाद बी.सी.सी.आई. ने भारत में होनेवाले क्रिकेट मैचों के प्रसारण के अधिकार के लिए सुभाष चंद्रा की कंपनी की बोली नामंजूर की। लेकिन चैनल नाइन की तरह अब चंद्रा की लीग अपने मैच भी करवाएगी और उसे अपने चैनलों पर भी दिखाएगी।

कैरी पैकर की राह पर

सुभाष चंद्रा भी कैरी पैकर के रास्ते पर चलना चाहते थे।

सुभाष देशी और अंतरराष्ट्रीय मैचों का आयोजन खुद करके कमाना चाहते थे और इसके जरिए अपने जी स्पोर्ट्स चैनल को और लोकप्रिय बनाना चाहते थे। अत: वे हाल ही के प्रसिद्ध खिलाड़ियों को बुलाकर मैच का आयोजन करने की योजना बनाने लगे। उनकी आशा थी, इससे आई.सी.सी. और बी.सी.सी.आई. उनके आगे झुक जाएँगे और भारत में क्रिकेट को प्रसारित करने का अधिकार उन्हें मिल जाएगा। इस बात में उनका लालच तो दिखता है, लेकिन उनके पास कोई दूसरा रास्ता भी नहीं था। वे मैदान में उतरे और अपने अगले कदम के बारे में तेजी से सोचने लगे।

पहला कदम यह था कि उन्होंने अपनी सीरीज को आई.सी.एल. (इंडियन क्रिकेट लीग) नाम दिया। वे इसे लोगों के सामने लाने के लिए सही अवसर के इंतजार में थे।

वर्ष 2007 में हुए विश्व कप मैचों में भारत पहले दौर में ही बाहर हो गया। लोगों में रोष और असंतुष्टि थी कि टीम में बड़े-बड़े दिग्गज होने के बावजूद भारत को हार देखनी पड़ी। देश भर में खिलाड़ियों के विरोध में प्रदर्शन होने लगे। उनके घरों पर पथराव होने लगा। उनकी तसवीरें जलाई जाने लगीं।

इंडियन क्रिकेट लीग की घोषणा

सुभाष चंद्रा इस अवसर का लाभ उठाना चाहते थे। उन्होंने लोगों से अपील की कि वे 'जो हुआ सो हुआ' मानकर बीती घटना को भूल जाएँ। भविष्य में हम भारत का नाम रोशन करने के लिए नए-नए खिलाड़ियों को सामने लाएँगे और उनके लिए हम नए मैच आयोजित करनेवाले हैं। उसका नाम है—आई.सी.एल.।

क्रिकेट रसिकों और दर्शकों को सुभाष की यह घोषणा पसंद आई। लोगों के कौतूहल को बनाए रखने के लिए सुभाष चंद्रा ने नई-नई घोषणाएँ कीं। आई.सी.एल. प्रमुख के रूप में उन्होंने कपिल

गुड़गाँव के ताऊ देवीलाल स्टेडियम में इंडियन क्रिकेट लीग का मैच

देव का नाम घोषित किया। मैच के लिए वेस्ट इंडीज के ब्रायन लारा से लेकर भारतीय और अंतरराष्ट्रीय खिलाड़ियों के नाम घोषित होने लगे। उन्होंने बताया कि इन खिलाड़ियों को छह टीमों में बाँटकर मैच खेला जाएगा और जो टीम फाइनल में जीतेगी, उसे करोड़ों रुपए पुरस्कार के रूप में दिए जाएँगे।

भारत की राष्ट्रीय टीम में स्थान न बना पानेवाले अनेक श्रेष्ठ खिलाड़ी आई.सी.एल. के बैनर तले चले गए। इसमें मिलनेवाले पैसे को देख अनेक अंतरराष्ट्रीय खिलाड़ी भी इसमें शामिल होने के लिए अपनी स्वीकृति देने लगे। सीनियर खिलाड़ी और सेवानिवृत्त खिलाड़ी भी इस मैच में खेलने को तैयार थे।

सुभाष चंद्रा ने कहा कि आई.सी.एल. केवल मनोरंजन का साधन नहीं है। इसके द्वारा देश भर में क्रिकेट अकादमियों की स्थापना करके प्रतिभावान् खिलाड़ियों को तैयार करना इसका प्रमुख उद्‍देश्य है।

सुभाष चंद्रा की इस घोषणा से आई.सी.सी. और बी.सी.सी.आई. की चिंता बढ़ने लगी। उन्होंने घोषणा की कि इसमें भाग

लेनेवाले खिलाड़ियों को जीवन भर आई.सी.सी. और बी.सी.सी.आई. के मैचों में नहीं खेलने दिया जाएगा। आई.सी.एल. मैच के विज्ञापन और समर्थन करनेवाली कंपनियों को भी वे चेतावनी देने लगे।

सुभाष चंद्रा ने इसका विरोध किया और पूछा, "क्या देश भर में एक ही क्रिकेट बोर्ड होना चाहिए? क्या उसी के हाथों में पूरे भारत का भाग्य निर्भर होना है?"

उनके ये सवाल तर्कसंगत लगे। कुछ लोगों का कहना था कि जी स्पोर्ट्स चैनल के विकास के लिए ही स्वार्थ में पड़कर सुभाष ऐसा कर रहे हैं। इसका उत्तर देते हुए सुभाष ने कहा, "हाँ, मैं अपने चैनल के विकास के लिए ही ऐसा कर रहा हूँ। इसमें क्या गलत है? बी.सी.सी.आई. भी तो एक कमर्शियल संस्थान है।''

इस प्रकार वाद-विवाद होता रहा और लड़ाई चलती रही। इसी बीच आई.सी.एल. के विरोध में बी.सी.सी.आई. ने एक सीरीज घोषित की—आई.पी.एल.।

आई.सी.एल. की अपेक्षा आई.पी.एल. में अनेक स्टार खिलाड़ी भाग लेने लगे। इससे आई.सी.एल. एक कोने में चली गई और उसका नाम तक लेनेवाला कोई नहीं बचा। आई.पी.एल. के सूत्रधार के रूप में आज चाहे ललित मोदी का नाम लिया जाए, लेकिन इसके असली सूत्रधार सुभाष चंद्रा ही हैं, जिन्होंने आई.सी.एल. की स्थापना करके आई.पी.एल. के लिए रास्ता बनाया। आई.सी.एल. की स्थापना नहीं होती तो आई.पी.एल. (इंडियन प्रीमियर लीग) का जन्म नहीं हुआ होता; क्योंकि जब 20-20 क्रिकेट का स्वागत लोग जोर-जोर से कर रहे थे, तब बी.सी.सी.आई. ने इसका विरोध किया था। इसे रास्ते पर लाने का श्रेय सुभाष को जाता है।

सुभाष ने कहा कि मुझे मालूम था कि बी.सी.सी.आई. वाले

ऐसा ही कुछ करेंगे और मेरे लिए बाधा खड़ी करेंगे। फिर भी बी.सी.सी.आई. को सीमित दायरे से बाहर निकालकर नई शक्ल व शोहरत देने का श्रेय उन्हीं को जाता है। क्रिकेट के क्षेत्र में प्रतिभावान् खिलाड़ियों का पता लगाकर भारत में क्रिकेट का भविष्य उज्ज्वल करने की योजना बनानेवाले सुभाष का प्रयास सचमुच सराहनीय है। उन्होंने खेलने की शैली, नियम, अनुशासन, व्यवसायीकरण आदि सभी दृष्टियों से क्रिकेट को एक नई दिशा की ओर मोड़ दिया।

आई.सी.एल. की पहली सीरीज में छह टीमों ने भाग लिया। इन टीमों में अधिकतर नए खिलाड़ी थे। इस सीरीज से भारतीय दर्शकों को एक नया अनुभव हुआ। इस प्रकार की निजी सीरीज का सीधा प्रसारण इसके पहले नहीं होता था। सुभाष ने अत्याधुनिक तकनालॉजी का प्रयोग करके बहुत ही आकर्षक तरीके से इसे प्रसारित किया। अंतरराष्ट्रीय स्तर पर ख्याति प्राप्त विशेषज्ञों को बुलाकर आँखों देखा हाल प्रसारित कराया। बीच-बीच में मनोरंजक कार्यक्रम भी प्रसारित किए गए। उसी समय 20-20 क्रिकेट धीरे-धीरे लोगों में धाक जमा रहा था। इससे आई.सी.एल. के लिए अनुकूल वातावरण पैदा हुआ।

'अगली परंपरा का क्रिकेट' नाम से प्रचारित आई.सी.एल. सीरीज के अधिकतर मैच रोमांचपूर्ण रहे। पुराने खिलाड़ी, प्रसिद्ध मैदान आदि कुछ न होते हुए भी क्रिकेट को मनोरंजक खेल के रूप में सुभाष ने दरशाया, जो आई.सी.एल. की जीत है। आई.सी.एल. की पहली सीरीज में चेन्नई सुपर स्टार्स चैंपियन बनी। उसके बाद के 50 ओवर के क्रिकेट में भी वही चैंपियन रही।

आई.पी.एल. की सफलता से सुभाष चंद्रा निराश नहीं हुए। आई.सी.एल. में आई.पी.एल. की तरह बड़े-बड़े दिग्गज खिलाड़ी नहीं खेलते थे, फिर भी एक अच्छी क्रिकेट देखने को मिली।

भविष्य में आई.सी.एल. और आई.पी.एल., अलग-अलग मैचों के आयोजन करेंगे या मिलकर, इस प्रश्न का जवाब समय दे पाएगा। भारतीय क्रिकेट कंट्रोल बोर्ड द्वारा विरोध जताए जाने के बावजूद, कड़ी चुनौती देने के बावजूद आई.सी.एल. अपनी पहचान को बनाए रखने में सफल रहा।

आई.सी.एल. का ढाँचा

आई.सी.एल. की प्रत्येक टीम में एक-एक भुगतानकर्ता, मीडिया मैनेजर, मनोवैज्ञानिक और फिजियोथैरेपिस्ट नियुक्त थे। एक लोकपाल नियुक्त था, जो खिलाड़ियों की शिकायतों पर गौर करता था। जीतनेवाली टीम के लिए 10 लाख अमेरिकी डॉलर का पुरस्कार देय था।

निजी क्लबों में से नौ टीमें

मुंबई चैंप्स, चेन्नई सुपर स्टार, चंडीगढ़ लॉयंस, हैदराबाद हीरोज, रॉयल बंगाल टाइगर्स (कोलकाता), दिल्ली जॉयंट्स, अहमदाबाद रॉकेट्स, लाहौर बादशाह, ढाका वारियर्स।

आई.सी.एल. वर्ल्ड टीम

जॉन एंबुरी-कोच, क्रिस कैर्न्स-कप्तान, एंड्रयू हॉल, क्रिस हैरिस, डेमियन मार्टिन, डेरिल टफी, इयान हार्वे, जिमी मेहेर, जोहान वान डेर वाथ, लू विंसेंट (विकेटकीपर), मारवेन अटापट्टू, मैथ्यू इलियट, माइकल कॉस्प्रोविच, रसेल अर्नाल्ड।

भारत की टीम

स्टीव रिक्सॉन-कोच, राजगोपाल सतीश-कप्तान, अब्बास अली, अभिषेक झुनझुनवाला, अबू नचीम, अली मुर्तजा, अंबाती रायडू, गणपति विघ्नेश, इब्राहिम खलील (विकेटकीपर), लव अबलिश,

रविराज पाटिल, रोहन गावस्कर, स्टुअर्ट बिन्नी, सैयद मोहम्मद, थिरु कुमारन, टी.पी. सुधींद्र, सरबजीत सिंह, तेजिंदर पाल सिंह, वी. श्रवणन।

पाकिस्तान की टीम

मोइन खान–कोच, इंजमाम-उल हक–कप्तान, अजहर महमूद, तौफीक उमर, इमरान फरहत, राणा नावेद-उल हसन, अब्दुल रज्जाक, नावेद लतीफ, हुमायूँ फरहत, अरशद खान, शाहिद नजीर, हसन रजा, मोहम्मद सामी, इमरान नजीर, रियाज अफरीदी, शब्बीर अहमद।

बँगलादेश की टीम

बलविंदर संधू–कोच, हबीबुल बशर–कप्तान, आफताब अहमद, आलोक कपाली, धीमान घोष, फरहाद रजा, मंजुरल इस्लाम, गुलाम माबूद, महबूबुल करीम, मोहम्मद रफीक, मोहम्मद शरीफ, मुशर्रफ हुसैन, शहरयार नफीस, तापस वैश्य।

प्रतिक्रिया : आई.सी.एल. ने कुंभकर्ण को जगाया

पूर्व क्रिकेटर नवजोत सिंह सिद्धू ने कहा कि इंडियन क्रिकेट लीग के भारतीय क्रिकेट की दुनिया में आने से बी.सी.सी.आई. के होश उड़ गए, जिसने अब अपना रवैया बदलकर खिलाड़ियों की सुध लेनी शुरू कर दी है। सिद्धू ने कहा, "भारतीय क्रिकेट के लिए आई.सी.एल. से बेहतर कुछ हो ही नहीं सकता था, क्योंकि इसने सोते हुए कुंभकर्ण को जगा दिया है। कुंभकर्ण तो साल में केवल छह महीने सोता था, लेकिन बी.सी.सी.आई. पिछले 75 साल से सो रही थी। आई.सी.एल. का मैदान में उतर आना बी.सी.सी.आई. के लिए जागने की चेतावनी है।"

उन्होंने अपने बेलाग अंदाज में कहा कि पिछले कई बरसों

से देश के क्रिकेट पर बी.सी.सी.आई. का एकच्छत्र राज्य था, इसलिए उसने 'हमें परवाह नहीं है' वाला रवैया अख्तियार कर लिया था। लेकिन आई.सी.एल. के आने पर बोर्ड डरा और उसे खिलाड़ियों की परवाह करनी पड़ी। खिलाड़ी कहीं दूसरे खेमे में न चले जाएँ, इसलिए उनके पैसे बढ़ाए।

क्रिकेट बोर्ड की कपिल को धमकी

भारतीय क्रिकेट बोर्ड ने पूर्व कप्तान कपिल देव के खिलाफ उचित काररवाई की धमकी दी। बोर्ड ने कपिल पर आरोप लगाया कि राष्ट्रीय क्रिकेट अकादमी (एन.सी.ए.) अध्यक्ष का पद सँभालने के बावजूद वे इंडियन क्रिकेट लीग से जुड़े।

कपिल ने कहा था, यदि वे चाहते हैं तो मुझे एन.सी.ए. से बरखास्त कर सकते हैं। बोर्ड मुझसे केवल इतना चाहता है कि मैं क्रिकेट में अपना योगदान दूँ और जब मैं यह कर रहा हूँ, तब वे मुझे चुनौती नहीं दे सकते। यदि मैं इंडियन क्रिकेट लीग के जरिए खेल और युवा क्रिकेटरों के लिए कुछ कर सकता हूँ तो मैं आडंबर नहीं करूँगा।

❑

14

मीडिया सेल्फ रेगुलेट हो

> *"सफलता ज्यादातर छुपी हुई होती है। इसकी कोई गारंटी नहीं है।"*

सुभाष चंद्रा को भारतीय टेलीविजन इंडस्ट्री का जनक माना जाता है, न कि सिर्फ मीडिया सम्राट् या मीडिया बिजनेसमैन। जबकि कई अंतरराष्ट्रीय मीडिया कंपनियाँ भारत में व्यवसाय कर रही हैं, चंद्रा उन लोगों में से हैं, जो अमेरिका में अपने व्यवसाय का विस्तार कर रहे हैं।

एस्सेल समूह और जी के चेयरमैन के रूप में चंद्रा को मालूम है कि अगले पल क्या होनेवाला है और भविष्य में कहाँ ग्रोथ होनेवाला है। उनका सपना अपने समूह को लेकर तीव्र और स्पष्ट है।

सुभाष चंद्रा से इस उद्योग के नए खिलाड़ियों, ब्रॉडकास्टिंग को प्रभावित कर रहे मुद्दे, विशेषकर समाचार प्रसारण उद्योग और इसके अलावा कुछ ऐसे सवाल, जो उन्हें मीडिया दिग्गजों की कतार में ला खड़ा करता है, पर चर्चा की गई। प्रस्तुत हैं बातचीत के प्रमुख अंश–

यह बहस काफी पुरानी हो चली है; लेकिन पिछले कुछ वर्षों में हमने देखा है कि अंतरराष्ट्रीय मीडिया कंपनियाँ भारत में काफी मजबूती से ग्रोथ कर रही हैं। आपके विचार से, हमारे उद्योग पर इसका क्या प्रभाव पड़ेगा?

कुल मिलाकर भारत आज खुलेपन की नीति पर चल रहा है और एंटरटेनमेंट इंडस्ट्री इससे अछूती नहीं है। अंतरराष्ट्रीय लोग इस पर 100 प्रतिशत अधिकार कर सकते हैं, जब से इसे सभी के लिए खोल दिया गया है। मैं सभी को शुभकामना देता हूँ। लेकिन दूसरी तरफ, कुछ भारतीय मीडिया कंपनियाँ हैं, जो काफी सफल हैं। वास्तव में, कई लोग इस क्षेत्र में प्रवेश कर चुके हैं, लेकिन ज्यादातर लोगों ने न्यूज के क्षेत्र में प्रवेश किया है। मेरा मानना है कि 70-80 प्रतिशत लोगों ने न्यूज के क्षेत्र में कई अन्य कारणों से प्रवेश किया है और कुछ मामलों में ऐसा हो सकता है कि यह सिर्फ सुरक्षा कारणों से हो।

तब मैं बहुत खुश हुआ था, जब सूचना एवं प्रसारण मंत्री

ने यह घोषणा की कि वे सिफारिश करेंगी कि अपलिंकिंग और डाउनलिंकिंग के लिए नए मुद्दे पर सख्ती से विचार किया जाए। मेरा विचार है कि किसी भी भाषा में या किसी भी वर्ग के लिए टेलीविजन स्टेशन चलाने के लिए बहुत सावधानी की जरूरत है, क्योंकि वे लाखों लोगों के घरों के बेडरूम तक पहुँच रहे हैं।

विशेष रूप से जब हमारी वितरण प्रणाली अच्छी तरह से न नियंत्रित है और न ही अच्छी तरह से ऑर्गेनाइज्ड। भारत में 8,000 से ज्यादा या कई लोगों के अनुसार, 10,000-20,000 केबल ऑपरेटर्स हैं। यह परिवार को प्रभावित करता है, इसलिए हमें सावधान रहने की जरूरत है। इस कारण से उचित मापदंड की जरूरत है। उदाहरण के लिए, बैंक का लाइसेंस किसी भी व्यक्ति को बैंकिंग करने के लिए नहीं दिया जाता है। वे मापदंडों पर खरा उतरनेवालों को ही बैंक का लाइसेंस देते हैं। अगर मैं आवेदन करता हूँ तो वे न केवल मेरी पहचान की पूरी जाँच करेंगे, बल्कि यह भी जाँच करेंगे कि मैं कहाँ से धन प्राप्त कर रहा हूँ। वे पैसे के स्रोत की जाँच करेंगे और ऑर्गेनाइजेशन में पैसा कैसे आ रहा है, इसकी भी जाँच करेंगे। कंपनी लॉ संबंधित पार्टियों को भी परिभाषित करता है और वे संदिग्ध रिकॉर्ड की भी जाँच करते हैं तथा आज ऐसे चैनल मालिक भी हैं, जिनका पुलिस रिकॉर्ड है, और यह सब अच्छा नहीं है।

भारतीय न्यूज चैनल कुछ चैनलों के कारण अपनी विश्वसनीयता खो चुके हैं। मैंने देखा है कि कुछ न्यूज चैनल यू ट्यूब से कंटेंट डाउनलोडिंग कर रहे हैं और संपूर्ण चैनल चला रहे हैं। वे एक पैसा भी खर्च नहीं कर रहे हैं। इंडस्ट्री के लिए यह सब अच्छा नहीं है।

जबकि हम सब न्यूज के क्षेत्र में हैं और आपने बैंकिंग

इंडस्ट्री का उदाहरण दिया है, लेकिन सरकार से कोई दिशा-निर्देश या सिफारिश करेंगे, न्यूज क्षेत्र में जो नए-नए खिलाड़ी आ रहे हैं उनके लिए?

मैं बैंकिंग इंडस्ट्री से एक कदम आगे बढ़ना चाहता हूँ। उदाहरण के लिए, समाचार-पत्र आज उन लोगों के लिए है, जो पढ़ सकते हैं। लेकिन टेलीविजन में कुछ भी जरूरत नहीं है। यह चलती तसवीरों के साथ आपकी भाषा में है। कोई भी इसे समझ सकता है। आपको समाचार-पत्र की अपेक्षा टेलीविजन में और अधिक सावधान रहने की जरूरत है।

वास्तव में, पूर्व में आपको यह कहते हुए उद्धृत किया गया है कि कंटेंट को भी रेगुलेट किया जाना चाहिए?

मेरा विचार है कि रेगुलेशन की जरूरत है। मेरे कुछ मीडिया सहयोगी इससे खुश नहीं होंगे, लेकिन मैं इसके पक्ष में हूँ। एक विकल्प यह भी है कि आपको अधिक जिम्मेदार होना पड़ेगा और सेल्फ रेगुलेट करना पड़ेगा। लेकिन आप देखिए 26/11 और यहाँ तक कि कारगिल में न्यूज चैनल्स थे, वास्तव में वे सूचना प्रसारित कर रहे थे और मेरा मानना है कि कई चैनल्स ऐसे थे, जो आतंकवादियों से बात कर रहे थे। लोगों को गलत सूचना दी जा रही थीं।

ऐसे चैनलों को नोटिस भी दिए गए थे?

लेकिन उसके बाद क्या हुआ? कुछ भी नहीं। अगर आप, मीडिया जिम्मेदार नहीं होंगे तो कुछ लोग आगे आएँगे और कहेंगे कि मीडिया में रेगुलेशन की जरूरत है।

नेशनल ब्रॉडकास्टिंग एसोसिएशन सेल्फ रेगुलेशन के तौर पर काम कर रहा है। क्या आप सोचते हैं कि इसके द्वारा कुछ हासिल किया जा सकता है?

नहीं, मैं ऐसा नहीं सोचता हूँ।

नेशनल ब्रॉडकास्टिंग एसोसिएशन से आपकी क्या उम्मीदें हैं?

मैं सिर्फ यही कह सकता हूँ कि हमने अपने चैनल से अपनी जिम्मेदारी निभाने को कहा है। यह कोई मायने नहीं रखता है कि हमारे चैनल की रेटिंग लो हो। मेरा मानना है कि हम बिलकुल सही हैं, क्योंकि हमारे एडवरटाइजर्स हमारा अभी भी आदर कर रहे हैं।

आर्थिक मंदी के सवाल पर कुछ लोगों का मानना है कि हम लोग मंदी से बाहर आ चुके हैं और बहुत सारे लोगों का मानना है कि कुछ भी परिवर्तित नहीं हुआ है?

सबसे पहले मंदी पर मेरा विचार है कि हम क्या देखते हैं, यह सब हमारे दिमाग की उपज है। जिस समय आप उदास महसूस करना शुरू करते हैं, आपकी सोच में परिवर्तन होना शुरू हो जाता है। उसी तरह से एडवरटाइजर्स ने पैसे बचाना शुरू किया। भारत में मंदी के पीछे यही सोच मूल रूप से जिम्मेदार रही है और कुछ विदेशी पैसा भी पूँजी बाजार से बाहर चले जाने के कारण मंदी का प्रभाव पड़ा। हालाँकि हमारे विज्ञापन राजस्व में काफी कमी आई; लेकिन दूसरी तरफ मुंबई और दिल्ली के बाहर भारत में मैंने कहीं भी मंदी को महसूस नहीं किया।

लेकिन हमने वास्तव में देखा कि कई लोगों ने अपनी लागत में कमी की, नौकरी में कटौती और वेतन में कटौती?

इसके पीछे दो कारण रहे हैं। पहला, जब विज्ञापनदाताओं ने सोचा कि राजस्व में कमी करनी है, मीडिया मालिकों के पास सोचने के कारण थे और दूसरा, कई लोगों ने देखा कि लागत में कमी करने का यह अच्छा अवसर है। यह सब एक-दूसरे से

जुड़ा हुआ था और दीर्घकालिक रूप में इसका सकारात्मक असर पड़ेगा।

लेकिन, क्या विज्ञापन राजस्व फिर से वापस आ गया है?

हाँ, यह सही है।

अभी हाल में ही आपने यह निर्णय लिया है कि क्षेत्रीय बिजनेस जी न्यूज लिमिटेड से जी लिमिटेड में जाएगा। इसके पीछे के कारण?

हमने जनरल एंटरटेनमेंट चैनल को इसलिए शिफ्ट किया है, क्योंकि वे ग्रोथ कर रहे हैं और उनकी प्रकृति अलग है। इससे पहले इन चैनलों में न्यूज कंटेंट भी था, जैसे हमारे मराठी चैनल में मराठी न्यूज बुलेटिन और जनरल एंटरटेनमेंट है। लेकिन कुछ समय बाद हम लोग एक मराठी न्यूज चैनल, एक बँगला न्यूज चैनल और कई क्षेत्रीय भाषा के चैनल खोलेंगे। ये चैनल अब पूरी तरह से जनरल एंटरटेनमेंट चैनल हैं।

जब हम जी समूह के चैनल के बारे में बात करते हैं, आपको मालूम होगा कि इंडस्ट्री के टॉप तीन प्लेयर्स में कलर्स, स्टार प्लस और जी टेलीविजन का नाम आता है। जब प्रोग्रामिंग और अन्य क्षेत्रों में निवेश की बात आती है तो जी का नाम लिया जाता है। कंटेंट और टैलेंट पर भी आप काफी ध्यान देते हैं। इस पर आप विस्तार से जानकारी देंगे?

पहले मैं टैलेंट के सवाल पर कहना चाहूँगा। स्वाभाविक रूप से जब कोई हमारी तरह से सफल होता है, लोग सोचते हैं कि इसके पीछे कई लोगों की मेहनत है। यह कुछ हद तक सही है, लेकिन पूरी तरह नहीं। लोग गलत सोचते हैं कि एक आदमी सारा कुछ बदल सकता है। हम अपने लोगों से बहुत खुश हैं, जो

यहाँ से जाकर तीन से चार गुना अधिक वेतन पा रहे हैं। आज, स्टार प्लस, कलर्स और सोनी एंटरटेनमेंट टेलीविजन सभी जगह प्रोग्रामिंग हेड जी से गए हैं। इसका अर्थ है कि जी कुछ सही कर रहा है।

दूसरे चैनल कुछ नहीं कर रहे हैं?

मैं यह नहीं कह रहा हूँ कि स्टार और कलर्स जो कर रहे हैं, वह गलत है। लेकिन ये लोग और सैलरी तीन चीजों को रेखांकित करते हैं—कंपनी का कारण, दिशा और अंतिम उद्‌देश्य। कुछ लोग इस क्षेत्र में पूँजी बाजार का खेल खेल रहे हैं, उनके शेयरों की कीमत 100 गुना तक बढ़ जाती है, जैसे ही वे इस क्षेत्र में निवेश करते हैं। कुछ लोगों के लिए उनके मालिक उनसे हजारों मील दूर बैठे होते हैं और वे साबित करते हैं कि अच्छा काम कर रहे हैं। उनका उद्‌देश्य अलग होता है।

जी समूह अपने शेयरधारकों और हितधारकों के प्रति हमेशा सचेत होता है। हम लोग यहाँ छह महीना या एक साल के लिए नहीं हैं। जब तक मैं अपनी कंपनी को बेचूँगा नहीं, मैं कहाँ जानेवाला हूँ? लेकिन एक एग्जीक्यूटिव द्वारा कंपनी को चलाने में नुकसान ही है। एक एग्जीक्यूटिव के लिए यह कोई मायने नहीं रखता है। वे किसी दूसरी जगह जॉब कर सकते हैं और दोगुना वेतन ले सकते हैं। उनका क्या जाएगा? लेकिन मैं जो कहना चाहता हूँ, उसका आशय यह है कि इस बारे में क्या सही है और क्या गलत है। सफलता ज्यादातर छुपी हुई होती है, इसकी कोई गारंटी नहीं है।

कलर्स ने जिस तरह से सफलता पाई, आपको आश्चर्य हुआ?

नहीं, जिस तरह से वे वितरण, प्रोग्रामिंग और कंसल्टेंसी पर पैसा खर्च कर रहे हैं। मैं आपको बता दूँ कि कलर्स सिर्फ कंसल्टिंग

पर 12 करोड़ रुपए हर साल खर्च कर रहा है।

रीजनल बिजनेस में स्टार जैसी कंपनी भी संपूर्ण भारत में अपने पैर पसार रही है। इसका जी लिमिटेड पर क्या असर पड़ने वाला है?

आप खुद इस क्षेत्र में अध्ययन कर सकते हैं। मुझे खुशी होती है कि सिर्फ आज ही नहीं, वर्ष 1995 में भी जब हमने अपनी कंपनी का विभाजन किया था, तभी से वे वही कर रहे हैं, जो जी कर चुका होता है। वे सिर्फ हमारा अनुसरण करते हैं। इसका कारण हो सकता है कि हम सही कर रहे हैं। मैं उन्हें शुभकामना देता हूँ।

आप जी टेलीविजन के लिए सी.ई.ओ. नियुक्त करनेवाले हैं?

संभव है।

डी.एन.ए. जिस तरह से ग्रोथ कर रहा है, आप खुश हैं?

यह हमेशा बेहतर कर सकता है। लेकिन एक चीज, जो हमने हासिल की है, वह है मुंबई में टाइम्स ऑफ इंडिया के वर्चस्व को तोड़ा है। लेकिन इसे अभी वित्तीय रूप से मजबूत होना होगा।

हमने देखा है कि बहुत से नए प्लेयर्स आए और चल नहीं पाए। क्या कोई उपाय है, जिसे आप इंडस्ट्री के लोगों से शेयर करना चाहते हैं, जिससे इसका बेहतर ढंग से विकास हो सके?

मैं इसका उत्तर देना नहीं चाहता, लेकिन यह सही होगा कि आपके सवाल का जवाब दे दूँ। आप गहरे में जाइए और 10 युवा लोगों से पूछिए कि आप एम.बी.ए. या इंजीनियरिंग या मेडिकल क्यों कर रहे हैं, तो 90 प्रतिशत का जवाब होगा कि उनसे किसी

ने कहा है कि इसकी अभी काफी माँग है। 'आपने शादी क्यों की', तो वे कहेंगे, 'क्या बकवास प्रश्न' है। यह एक परंपरा है। सभी लोग शादी करते हैं, सो मैंने भी की। टेलीविजन ब्रॉडकास्टिंग इंडस्ट्री में ऐसा ही कुछ हो रहा है। सभी लोग एक ही दिशा में जा रहे हैं। भारतीय मूल के 450 टेलीविजन स्टेशन हैं और 180 अभी लंबित हैं। सो, हो यह रहा है कि हर कोई बिना इस उद्योग की कोई जानकारी के बगैर सोचे-समझे इस इंडस्ट्री में आ रहा है। मैंने देखा है कि इंडियन ब्रॉडकास्टिंग इंडस्ट्री को एक साल में 4-5 अरब डॉलर का घाटा हो रहा है। लोगों को खुद सोचना चाहिए कि वे ऐसा क्यों कर रहे हैं। सभी ब्रॉडकास्टर्स को एक साथ आना होगा। उन्हें पता नहीं है कि वे इस व्यवसाय में क्यों आए? विज्ञापनदाता और केबल ऑपरेटर्स एक साथ आ चुके हैं। लेकिन हम लोग नहीं, हम लोग एक साथ होकर अपने कार्य में तेजी ला सकते हैं।

❑

15

प्रमुख उद्यम

सुभाष चंद्रा को लोग जी टी.वी. के संस्थापक के रूप में जानते हैं। लेकिन वे बहुमुखी प्रतिभा के धनी हैं। उनकी पहचान के लिए जी टी.वी. ही नहीं, और भी अनेक व्यवसाय हैं। उनका व्यापार-क्षेत्र चारों दिशाओं में फैला हुआ है और इनमें जी टी.वी. का हिस्सा बहुत ही कम है। आइए, जी टी.वी. के अलावा सुभाष चंद्रा द्वारा सफलता से चलाए जा रहे कुछ प्रमुख उद्यमों पर नजर डालते हैं–

जी एंटरटेनमेंट इंटरप्राइजेज लिमिटेड

जी एंटरटेनमेंट इंटरप्राइजेज लिमिटेड भारत की एक अग्रणी टेलीविजन, मीडिया और एंटरटेनमेंट कंपनी है। इसे विश्व में सबसे अधिक हिंदी कार्यक्रम बनाने का गौरव प्राप्त है। इसकी लाइब्रेरी में 80,000 घंटे के टेलीविजन कंटेंट्स मौजूद हैं।

जी न्यूज लिमिटेड

जी न्यूज लिमिटेड (जेड.एन.एल.) कई भाषाओं में खबरें प्रसारित करके लाखों-लाख लोगों तक पहुँचाता है। इसका मिशन है–सूचना देना, मनोरंजन करना और जागरूक बनाना।

डी.एन.ए.

डी.एन.ए. (डेली न्यूज ऐंड एनालिसिस) मुंबई का एक प्रमुख अंग्रेजी अखबार है। इसे दैनिक भास्कर समूह और जी समूह दोनों मिलकर चलाते हैं। इसका डिजिटल ऑनलाइन संस्करण 120 से अधिक देशों में लगभग 2.5 अरब लोगों तक पहुँचता है।

वायर ऐंड वायरलेस इंडिया लिमिटेड

यह भारत की एक मल्टी सिस्टम ऑपरेटर (एम.ओ.एस.) कंपनी है। यह भारत के 54 शहरों में केबल सर्विस मुहैया करा रही है और 1 करोड़ से अधिक घरों में पहुँच रही है।

कॉर्नरशॉप

मुंबई और पुणे में आधारित एनिमेशन स्टूडियो। यहाँ 2डी और 3डी फॉरमेट में एनिमेशन तैयार करने की अत्याधुनिक सुविधाएँ मौजूद हैं।

साइक्वेटर टेक्नोलॉजीज लिमिटेड

नवी मुंबई (वाशी) और वरली में स्थित कंपनी। यह इंटरनेट डेटा सेंटर और हॉस्टिंग सर्विस मुहैया करानेवाली एक प्रमुख कंपनी है।

फन मल्टीप्लेक्स प्राइवेट लिमिटेड

वर्ष 2006-07 में फन मल्टीप्लेक्स सिनेमाघर बनने शुरू हुए। चालू वर्ष के अंत तक कंपनी का लक्ष्य 250 से अधिक शहरों में 1,500 से अधिक सिनेमाघर खोलना है।

पैन इंडिया नेटवर्क लिमिटेड

प्लेविन–भारत की प्रथम ऑनलाइन लॉटरी यही कंपनी चलाती है। साथ ही यह ऑनलाइन लॉटरी-संचालन के लिए आधारभूत ढाँचा, डेटा कम्युनिकेशन, मार्केटिंग सपोर्ट आदि मुहैया कराती है।

पैन इंडिया पर्यटन लिमिटेड

एस्सेल ग्रुप ऑफ कंपनीज से संबद्ध यह कंपनी एम्यूजमेंट पार्क का संचालन करती है।

ई-सिटी बायस्कोप एंटरटेनमेंट प्राइवेट लिमिटेड

इसकी स्थापना भारत के छोटे शहरों में कॉमर्शियल कॉम्प्लेक्स,

हाउसिंग कॉम्प्लेक्स, कंस्ट्रक्शन बिजनेस और सिनेमा हॉल तैयार करने के उद्‌देश्य से की गई थी।

ई-सिटी डिजिटल सिनेमा प्राइवेट लिमिटेड

इस कंपनी की स्थापना अप्रैल 2004 में हुई। यह कंपनी भारतीय सिनेमा उद्योग से जुड़ी हुई है और सिनेमा के डिजिटलीकरण की दिशा में कार्यरत है, जिससे कि दर्शकों को विश्व स्तर का सिनेमा देखने को मिले और नकली सी.डी. के व्यापार पर भी रोक लग सके।

ई-सिटी मीडिया प्राइवेट लिमिटेड

विज्ञापन सुविधा उपलब्ध करानेवाली कंपनी है।

एस्सेल-प्रोपेक

प्लास्टिक की ट्यूब बनानेवाली विश्व की नंबर वन कंपनी। अगली बार जब आप टूथपेस्ट करें तो ट्यूब को गौर से देखें—एस्सेल लिखा दिखाई देगा।

एस्सेल इन्फ्राप्रोजेक्ट्स लिमिटेड

राष्ट्रीय और राज्य से जुड़े राजमार्गों के निर्माण, खेल के आधारभूत ढाँचे, व्यावसायिक एवं आवासीय कॉम्प्लेक्स, हायडल-सोलर-विंड-थर्मल पावर परियोजनाओं, जल प्रबंधन, अपजल

निबटान, ठोस अपशिष्ट प्रबंधन एवं विशेष आर्थिक क्षेत्रों से जुड़े कार्य-कलापों से संबद्ध कंपनी।

जी लर्न

शिक्षा के क्षेत्र से जुड़ी देश की एक अग्रणी कंपनी। यह देश भर में के.जी. से लेकर 12वीं तक और प्री-स्कूल की शृंखला तैयार करने में तेजी से जुटी हुई है।

जी स्कूल

माउंट लिटेरा जी स्कूल देश की दूसरी सबसे बड़ी स्कूल शृंखला है। ये निजी और गैर-सहायता प्राप्त स्कूल हैं, जो देश के 48 शहरों में संख्या में 65 से अधिक हैं। इन स्कूलों का मुख्य उद्देश्य स्कूली शिक्षा को प्रभावी और उन्नत बनाना है।

जी इंस्टीट्यूट ऑफ मीडिया आर्ट्स

इस इंस्टीट्यूट में डायरेक्शन, सिनेमाटोग्राफी, एडिटिंग, साउंड, फिल्म एनिमेशन, विजुअल इफेक्ट्स और ऑटो डेस्क एवं स्मोक जैसे उन्नत सॉफ्टवेयर परिचालन का प्रशिक्षण दिया जाता है।

शीरपुर गोल्ड रिफाइनरी

शीरपुर, महाराष्ट्र में स्थापित यह रिफाइनरी प्रति वर्ष 200 मीट्रिक टन सोने और चाँदी का संसाधन करती है।

वेरिया

संयुक्त राज्य अमेरिका में अपने टेलीविजन नेटवर्क और वेबसाइट द्वारा बेहतर स्वास्थ्य एवं जीवन-शैली हेतु आवश्यक वस्तुएँ मुहैया करानेवाली कंपनी। वेरिया का आदर्श वाक्य है–'अच्छा स्वास्थ्य हमारा मूल अधिकार है और यह आयु, लिंग, वर्ग एवं जाति-भेद के बिना सबको समान रूप से मिलना चाहिए।'

तालीम

वर्ष 1996 में स्थापित यह सामाजिक संगठन ग्रामीण स्वास्थ्य, शिक्षा, बाल विकास, तंबाकू नियंत्रण व सामाजिक हितों से संबद्ध अध्ययन का संचालन करता है।

अग्रणी टेलीकॉम लिमिटेड

सरकार, सेना तथा अन्य सुरक्षा संगठनों के लिए आवश्यक दूरसंचार साधन और सेवाएँ उपलब्ध कराती है।

एस्सेल वर्ल्ड

भारत के अग्रणी मनोरंजन पार्क एस्सेल वर्ल्ड ने अपनी शानदार यात्रा के छह वर्ष पूरे कर लिये हैं। मनोरंजन एवं अवकाशकालीन भ्रमण उद्योग में अग्रणी पैन इंडिया पर्यटन प्राइवेट लिमिटेड (पी. आई.पी.पी.एल.) द्वारा शुरू किए गए एस्सेल वर्ल्ड ने लोगों को उबाऊ परंपरागत यात्राओं से निजात दिलाकर छुट्टियाँ बिताने के लिए एक नया और सुरुचिपूर्ण माहौल प्रदान किया। उत्तर-पश्चिम मुंबई में समुद्र-तट पर स्थित गोराई गाँव में स्थित यह मस्ती से सराबोर कर देनेवाला द्वीप 6 एकड़ भूमि पर फैला है और विगत छह वर्षों से पूरे परिवार के लिए रोमांच व मस्ती से भरी एक नई दुनिया के द्वार खोल रहा है और अपने मेहमानों को खुशियों

की सौगात दे रहा है।

एस्सेल वर्ल्ड ने अपने अभूतपूर्व झूलों और खेलों के माध्यम से बहुआयामी मनोरंजन प्रदान किया है। वर्ष 1994 में अपनी शुरुआत के बाद से एस्सेल वर्ल्ड प्रतिवर्ष 2 करोड़ मेहमानों का स्वागत कर रहा है और इन मेहमानों में बच्चों की संख्या सर्वाधिक है।

एस्सेल वर्ल्ड एक ऐसा अनूठा स्थल है, जो रोमांच और प्रसन्नता का एक अविस्मरणीय अनुभव प्रदान करता है।

पैन इंडिया पर्यटन प्राइवेट लिमिटेड

पैन इंडिया पर्यटन प्रा.लि. भारत के सबसे बड़े मनोरंजन पार्कों–एस्सेल वर्ल्ड और वॉटर किंगडम की होल्डिंग कंपनी है, जो एस्सेल ग्रुप की अनुषंगी है। ये पार्क पिछले दो दशकों से पूरे परिवार के लिए आमोद-प्रमोद और मनोरंजन का एकमात्र प्रतिष्ठित ब्रांड निर्मित करने में सफल रहे हैं। एस्सेल वर्ल्ड ने ही पहली बार भारतीयों को परंपरागत आमोद-प्रमोद यात्राओं का एक विकल्प प्रदान किया और एक संपूर्ण मनोरंजक आमोद-प्रमोद वाले स्थल के नए रोमांचक परिदृश्य को प्रस्तुत किया। मनोरंजन के पारंपरिक माध्यमों को नए सिरे से परिभाषित करना और सबसे बढ़कर सक्रिय मनोरंजन के लिए उपभोक्ताओं की तेजी से बदलती आवश्यकताओं को भलीभाँति पूर्ण करना ही ग्रुप का ध्येय है।

एकल विद्यालय फाउंडेशन

एकल विद्यालय फाउंडेशन का लक्ष्य वर्ष 2011 तक भारत के आदिवासी क्षेत्रों से अशिक्षा को समूल नष्ट करना है। फाउंडेशन द्वारा विगत कई वर्षों से देश के उपेक्षित और आदिवासी बहुल सुदूर ग्रामीण क्षेत्रों में एकल विद्यालय (एक शिक्षक वाले स्कूल) संचालित किए जा रहे हैं। एस्सेल समूह और जी नेटवर्क के

अध्यक्ष सुभाष चंद्रा एकल विद्यालय फाउंडेशन के अध्यक्ष हैं।

बच्चों में शिक्षा के प्रति रुचि पैदा करने के लिए फाउंडेशन स्थानीय भाषा में ही शिक्षण सुविधा उपलब्ध कराता है। स्थानीय समुदाय में से ही शिक्षक का चयन किया जाता है, ताकि बच्चों की भाषा, संस्कृति एवं परंपरा का उन्हें ज्ञान हो।

पाठ्यक्रम में बच्चों को बुनियादी शिक्षा और जीने के तौर-तरीकों के बारे में भी बताया जाता है, ताकि उनमें आत्मविश्वास की भावना पैदा हो और ग्रामीण जीवन-स्तर से ऊपर उठकर वे उच्च शिक्षा हासिल करने की दिशा में कदम बढ़ा सकें।

यहाँ बुनियादी शिक्षा ही नहीं दी जाती, बल्कि समाज के उपेक्षित वर्गों को स्वास्थ्य, विकास और स्वरोजगार संबंधी शिक्षा भी दी जाती है।

डिश टी.वी.

भारत की प्रथम डायरेक्ट टू होम (डी.टी.एच.) मनोरंजन कंपनी। इसे व्यावसायिक रूप से वर्ष 2005 में लॉञ्च किया गया।

यह सेटैलाइट चैनलों को घर-घर तक पहुँचानेवाली डी.टी. एच. संस्था है। डी.टी.एच. यानी डायरेक्ट-टू-होम सेवा सेटैलाइट आधारित एक ऐसा सिस्टम है, जिसके माध्यम से दर्शकों को किसी केबल कनेक्शन की जरूरत नहीं होती। डी.टी.एच. सर्विस की शुरुआत भारत में वर्ष 2003 में हुई, जब एस्सेल ग्रुप ने टेलीविजन के सहयोग से डिश टेलीविजन को लॉञ्च किया था। तब से इसकी लोकप्रियता लगातार बढ़ रही है और कई नए खिलाड़ी भी इस क्षेत्र में अपने पाँव फैला रहे हैं। इस होड़ में ग्राहकों के वारे-न्यारे होते जा रहे हैं।

तमाम कंपनियों ने अब डी.टी.एच. सेवा के लिए महज 100 रुपए महीने का शुल्क लेना शुरू कर दिया है। इसका मतलब है

कि महज 182 से 249 रुपए महीना देने पर ही डी.टी.एच. का लुत्फ लिया जा सकता है। केबल ऑपरेटर भी इतना ही शुल्क ले रहे हैं।

असल में डी.टी.एच. सेवा के विस्तार के पीछे कई कारण हैं। इसकी सबसे बड़ी विशेषता है अच्छी पिक्चर क्वालिटी और चैनल चूज करने की स्वतंत्रता। यानी अपनी मरजी के चैनल देख सकते हैं। इसमें केबल टेलीविजन की तरह प्रोग्राम के बीच में ब्लैकआउट या सिग्नल फेल होने जैसी समस्याएँ नहीं आतीं। सभी डी.टी.एच. सर्विस प्रोवाइडिंग कंपनियाँ एक ही तकनीक का प्रयोग करती हैं, जिसमें टेरेस्ट्रियल सेटेलाइट अपलिंकिंग स्टेशन के ट्रांसमिशन बैंड के माध्यम से प्रोग्रामिंग को जिओ-स्टेशनरी सेटेलाइट तक पहुँचाता है। फिर वहाँ से यह हमारे घरों तक पहुँचता है।

डी.टी.एच. सर्विस का एंटीना छोटा होता है, जिसे सेट करना आसान है। इसके अतिरिक्त हमें एक सैटेलाइट रिसीवर डिकोडर अपने टेलीविजन से कनेक्ट करना होता है, जिसे सेट-टॉप बॉक्स कहते हैं। डी.टी.एच. सेवा के और भी कई फायदे हैं। मसलन, आप चाहें तो एक ही बार में अपने टेलीविजन स्क्रीन पर दो या तीन प्रोग्राम एक साथ देख सकते हैं। इसके अलावा प्रोग्राम के बारे में कोई जानकारी भी प्राप्त कर सकते हैं। जैसे क्रिकेट मैच देखते हुए आप चाहें तो कभी भी किसी प्लेयर के बारे में सभी जानकारियाँ हासिल कर सकते हैं। हाँ, आप जितना देखेंगे उतना ही बिल आपको देना होगा। और चोरी-छुपे चैनल देखने की गलती नहीं करें, क्योंकि डी.टी.एच. सेवा प्रदान करानेवाली कंपनियों ने एक ऐसा स्मार्ट कार्ड विकसित किया है, जिसमें सभी चैनलों का रिकॉर्ड होता है।

देश में 12.5 करोड़ घरों में टेलीविजन सेट हैं, जिनमें से 8 करोड़ घरों में केबल कनेक्शन हैं। डी.टी.एच. कंपनियाँ अब केबल

कनेक्शनों वाले घरों में सेंध लगाने की तैयारी में हैं।

दूसरी ओर, यह स्थिति स्पष्ट नहीं है कि जिन 4.5 करोड़ घरों में केबल कनेक्शन नहीं हैं, वे या तो केबल का खर्चा उठाने की स्थिति में नहीं हैं या फिर वहाँ तक केबल की पहुँच ही नहीं है। दरअसल डी.टी.एच. कंपनियों की संभावनाएँ इस आधार पर टिकी हैं कि लोग बड़ी संख्या में टेलीविजन सेट खरीद रहे हैं। देश में हर साल 1.2 से 1.4 करोड़ रंगीन टेलीविज़न बिक रहे हैं। 1990 के दशक में केबल टेलीविजन का दौर आया और दर्शकों को विभिन्न चैनलों को देखने की स्वतंत्रता मिली। लेकिन अब डायरेक्ट-टू-होम यानी डी.टी.एच. सर्विस के साथ भारतीय टेलीविजन जगत् दूसरी बड़ी क्रांति की ओर बढ़ रहा है।

डी.टी.एच. सर्विस की शुरुआत भारत में वर्ष 2003 में हुई, जब एस्सेल ग्रुप ने जी टी.वी. के सहयोग से डिश टेलीविजन को लॉञ्च किया था। तब से इसकी लोकप्रियता लगातार बढ़ रही है। आज से लगभग 48 साल पहले भारत में टेलीविजन की शुरुआत हुई थी; लेकिन सही मायनों में सन् 1982 में दिल्ली में हुए एशियन गेम्स के समय आम जनता ने टेलीविजन का लुत्फ उठाना शुरू किया। ठीक इसी समय कलर टेलीविजन ने भी भारत में अपने पैर पसारने शुरू किए। फिर 1990 के दशक में केबल टेलीविजन का दौर आया और दर्शकों को विभिन्न चैनलों को देखने की स्वतंत्रता मिली। अब ऐसा लगता है, जैसे डायरेक्ट-टू-होम यानी डी.टी.एच. सर्विस के साथ भारतीय टेलीविजन जगत् दूसरी बड़ी क्रांति की ओर बढ़ रहा है।

माय पॉपकॉर्न

इसमें कोई शक नहीं कि जी नेटवर्क के अध्यक्ष सुभाष चंद्रा हर बार कुछ-न-कुछ नया लेकर आते हैं। अब वे देश भर के और

खासतौर पर दुनिया भर में बसे एशियाई लोगों के लिए 'माय पॉपकॉर्न' लेकर आए हैं। माय पॉपकॉर्न यानी इंटरनेट पर प्रतिभाओं को मौका देने का एक मंच। मुंबई में आयोजित एक भव्य समारोह में सुभाष चंद्रा अपनी नई कंपनी डिजिटल मीडिया कन्वर्जंस लिमिटेड (डी. एम.सी.एल.) की नई वेबसाइट माय पॉपकॉर्न डॉटकॉम लेकर हाजिर हुए तो उन्होंने बताया कि विगत 15 सालों में यह उनका 108वाँ प्रकल्प है, यानी सुभाष चंद्रा ने सन् 1992 में जी टेलीविजन की शुरुआत के बाद कई मंजिलों को फतह किया है।

माय पॉपकॉर्न को लेकर उन्होंने बताया कि यह एक ऐसी वेब साइट होगी, जिस पर लोग अपनी गायन, नृत्य व संगीत-प्रतिभा से लेकर अपनी कला या अपने हुनर को प्रस्तुत कर सकेंगे और उनकी रेटिंग के आधार पर उनको पारिश्रमिक भी दिया जाएगा। इस तरह माय पॉपकॉर्न दुनिया की पहली साइट होगी, जो इस साइट से जुड़नेवाले लोगों को पैसा भी देगी।

यों देखा जाए तो माय पॉपकॉर्न पूरी तरह से मनोरंजन जगत् की खबरें और सामग्री देनेवाली साइट है, जिस पर फिल्मों से लेकर टेलीविजन चैनलों के कार्यक्रमों के बारे में वीडियो, ऑडियो और लिखित सामग्री उपलब्ध होगी। लेकिन इसका सबसे महत्त्वपूर्ण और आकर्षक पक्ष होगा 'माय स्टेज'। माय स्टेज के माध्यम से कोई भी व्यक्ति अपने गीत, गजल, कविता, शेरो-शायरी से लेकर अपनी कलाकृति, अपने हुनर से बनाई गई कोई चीज कुछ भी पोस्ट कर सकेगा। इस साइट को तकनीकी रूप से इतना सरल बनाया गया है कि कंप्यूटर और इंटरनेट के बारे में कम-से-कम जानकारी रखनेवाला कोई भी व्यक्ति यहाँ अपनी बात आसानी से पोस्ट कर सकेगा।

श्री चंद्रा ने कहा कि यह साइट यू ट्यूब जैसी वेब साइटों से एकदम अलग होगी। यू ट्यूब पर तो कोई भी कुछ भी पोस्ट

मुंबई के एस्सेल वर्ल्ड में दुनिया का सबसे बड़ा पगोडा

कर सकता है, मगर माय पॉपकॉर्न पर हम अवांछित सामग्री को पोस्ट नहीं होने देंगे और जिन सामग्रियों को लोग पसंद करेंगे, उनके लिए संबंधित व्यक्ति को पैसे भी दिए जाएँगे। उन्होंने कहा

कि मेरे पास 8,000 नए आइडिया पड़े हैं, जो लोगों ने मुझे भेजे हैं, उन सभी नए आइडिया पर काम करना तो संभव नहीं, लेकिन इंटरनेट एक ऐसा माध्यम है, जिसकी मदद से ऐसे आइडिया को लोगों तक आसानी से पहुँचाया जा सकता है और उनकी उपयोगिता का परीक्षण किया जा सकता है। उन्होंने कहा कि टेलीविजन के माध्यम से ऐसे प्रतिभावान् लोगों और इस तरह के आइडिया को प्रस्तुत करना एक खर्चीला काम है। टेलीविजन के एक-एक मिनट के कार्यक्रम के लिए बहुत पैसा खर्च होता है। इंटरनेट की मदद से हम इस तरह के लोगों को प्रोत्साहित कर सकते हैं और उनकी कला को तथा उनके हुनर को ज्यादा-से-ज्यादा लोगों तक पहुँचा सकते हैं।

इस अवसर पर माय पॉपकॉर्न के सूत्रधार एवं डी.एम.सी.एल. के मुख्य कार्यकारी अधिकारी ईश्वर झा ने बताया कि इस साइट को शुरू करने का मकसद भारतीय कला, संस्कृति और प्रतिभाओं को एक विश्वव्यापी पहचान देना है। हमने जब इस दिशा में शोध किया तो पाया कि देश में ऐसी कई चीजें और लोग मौजूद हैं, जिनके बारे में लोग जानना चाहते हैं। हम कोशिश करेंगे कि इस साइट के माध्यम से कुछ कर दिखाने को उत्सुक और नई जानकारियों व चीजों को जानने को उत्सुक लोगों को एक मंच मिले। माय पॉपकॉर्न डॉटकॉम पर टेलीविजन स्टार और सोनी के साथ ही जी टेलीविजन पर प्रसारित होनेवाले धारावाहिकों को भी देखा जा सकेगा। इस पर ये धारावाहिक टेलीविजन पर प्रसारित होनेवाले धारावाहिकों के मुकाबले कुछ संपादित अंशों के साथ देखे जा सकेंगे।

दुनिया का सबसे बड़ा पगोडा

देश की औद्योगिक राजधानी मुंबई के एस्सेल वर्ल्ड में बने

दुनिया के सबसे बड़े ग्लोबल पगोडा का राष्ट्रपति प्रतिभा देवी सिंह पाटिल ने उद्घाटन किया। इस पगोडे की एक खासियत यह है कि यहाँ करीब 10,000 श्रद्धालु एक साथ साधना में लीन हो सकते हैं। इस विपश्यना केंद्र के जोधपुरी पत्थरों से बने इस डोम में 25 लाख टन पत्थरों का इस्तेमाल हुआ है।

इस डोम को बनाने में करीब 100 करोड़ रुपए की लागत आई। यह डोम दुनिया का सबसे बड़ा, बिना खंभों का डोम है और दुनिया का दूसरा सबसे बड़ा डोम आकार में इससे महज आधा है। इसमें महात्मा बुद्ध के अवशेष मौजूद हैं।

एस्सेल ग्रुप स्कूली कारोबार में

सालाना करीब 80 हजार करोड़ रुपए के स्कूली शिक्षा से जुड़े कारोबार को भुनाने के लिए देश की नामी कंपनियाँ आगे आ रही हैं। हाल के वर्षों तक नॉन प्रॉफिट संस्थाओं के हवाले रही स्कूली शिक्षा के बाजार में कई बड़ी कंपनियाँ योजनाबद्ध तरीके से उतर रही हैं। कॉरपोरेट जगत् की ओर से बड़े निवेश व बड़ी तादाद में स्कूल खोलने का यह शुरुआती दौर भारतीय स्कूली शिक्षा के स्वरूप पर भी बड़ा असर डालेगा।

एस्सेल ग्रुप ने स्कूली शिक्षा के कारोबार को विस्तार देने के लिए 350 करोड़ रुपए के निवेश की योजना बनाई है। ग्रुप की कंपनी ई.टी.सी. नेटवर्क लिमिटेड ने वर्ष 2013 तक करीब 300 स्कूल खोलने का ऐलान किया। इन स्कूलों में कक्षा 1 से 12 तक की पढ़ाई होगी। एस्सेल ग्रुप के चेयरमैन सुभाष चंद्रा का कहना है कि ई.टी.सी. नेटवर्क लिमिटेड की एजुकेशन डिवीजन जी लर्न खुद स्कूल खोलने के अलावा स्कूल मैनेजमेंट व लर्निंग कंटेंट के डेवलप करने का काम भी करेगी। कंपनी का मकसद वर्ष 2013 तक सालाना 2.5 लाख छात्रों को पढ़ाने का लक्ष्य है।

जी स्कूल के लिए गैर-सरकारी संस्थाओं, ट्रस्ट व अन्य कंपनियों के साथ भागीदारी का विकल्प खुला रखा गया है। गौरतलब है कि एस्सेल ग्रुप पहले ही प्ले स्कूल के कारोबार में मौजूदगी रखता है।

किडजी ब्रांड से ग्रुप के करीब 600 प्ले स्कूल देश के 275 शहरों में चल रहे हैं। जी स्कूल के अलावा किडजी हाई नाम से हाईस्कूल खोलने की भी शुरुआत कर चुका है। फिलहाल जी लर्न की ओर से करीब 23 स्कूलों को संचालन में परामर्श दिया जा रहा है। अगले सत्र तक इन स्कूलों को जी स्कूल ब्रांड से चलाया जाएगा। ज्यादातर स्कूल सी.बी.एस.ई. बोर्ड से संबद्ध होंगे।

एस्सेल ग्रुप अगले पाँच से सात साल में अपने शिक्षा खंड में लगभग 500 करोड़ रुपए निवेश करेगा। अगले पाँच-सात साल में ग्रुप 300 स्कूलों में 500 करोड़ रुपए निवेश करेगा। ये स्कूल ग्रुप स्वामित्ववाले तथा फ्रेंचाइजी वाले होंगे।

ब्रेन ट्रस्ट ऑफ इंडिया नामक संस्था भी सुभाष चंद्रा के मार्गदर्शन में चलती है, जो प्रतिभावान् बच्चों को पता लगाकर उन्हें उत्साहित व प्रोत्साहित करती है।

सुभाष चंद्रा समाज-सेवा के लिए व्यक्तिगत रूप से अनेक दान करते हैं। इसके अलावा वे 'एस्सेल समूह' द्वारा भी अनेक कल्याणकारी कार्य करते हैं। उनके नेतृत्व में काम करनेवाली कंपनियाँ हर साल करीब 100 करोड़ रुपए सामाजिक सेवा के लिए आवंटित करती हैं।

अब (वर्ष 2001) सुभाष चंद्रा 61 वर्ष के हैं, जो प्राय: भारतीयों की सेवानिवृत्ति की आयु है। वे अपने प्रशासनिक दायित्व से धीरे-धीरे मुक्त होना चाहते हैं और अगली पीढ़ी को यह दायित्व सौंपना चाहते हैं। वर्ष 2005 में अपने बेटे पुनीत गोयनका

को उन्होंने एस्सेल समूह का प्रबंध निदेशक नियुक्त किया। दूसरे सुपुत्र अमित गोयनका जी समूह के जिम्मेदार पद पर कार्यरत हैं। वे मनोरंजन, शिक्षा–'इन्फोटेनमेंट' पर ध्यान देते हैं।

सुभाष चंद्रा इस बात को अहमियत नहीं देते कि प्रशासन का दायित्व अपनी संतान को सौंपा जाए। वे योग्य और अनुभवी के हाथों में दायित्व सौंपना चाहते हैं। किसी भी कंपनी में उन्हीं लोगों को कंपनी की सबसे ज्यादा चिंता रहती है, जिन लोगों ने सबसे अधिक निवेश किया है। सुभाष चंद्रा अपनी सेवानिवृत्ति के बाद अपने बेटे को एस्सेल समूह सौंपना चाहते हैं, क्योंकि उनका शेयर उसमें सबसे ज्यादा है।

जहाँ तक टेलीविजन और मीडिया की बात है, सुभाष चंद्रा की अपेक्षा उनके बेटों के आगे सबसे अधिक चुनौतियाँ हैं। आजकल दर्शक पहले की तरह किसी एक चैनल के पीछे नहीं दौड़ते। उन्हें पसंद नहीं आता तो तुरंत बटन दबाकर दूसरा चैनल देखने लगते हैं। अतः टेलीविजन के क्षेत्र में जीतना है तो एक या दो साल नहीं, लगातार अच्छे-अच्छे कार्यक्रमों को देते रहने की आवश्यकता है। सुभाष चंद्रा को पूरा विश्वास है कि जी टी.वी. समूह भविष्य में एक वैश्विक संस्थान बनेगा। अब भी रूस, इंडोनेशिया आदि देशों में जी टी.वी. का प्रसारण होता है। लेकिन सुभाष चंद्रा इससे संतुष्ट नहीं हैं। वे चाहते हैं कि उनका जी समूह 'एस्सेल-प्रोपैक' की तरह संसार के टॉप मीडिया में अपना नाम दर्ज कराए। अगर उनका यह स्वप्न पूरा हो जाता है तो वे अपने जीवन को सफल मानेंगे।

❑

16

संचालक मंडल

सुभाष चंद्रा

सुभाष चंद्रा भारतीय उद्योग जगत् के एक देदीप्यमान सितारे हैं। स्वनिर्मित सुभाष चंद्रा आज भी नए-नए उद्योगों को खोजते रहते हैं और उन्हें सफलतापूर्वक आगे ले जाते हैं।

जवाहर गोयल

6 जनवरी, 2007 से डिश टी.वी. इंडिया लिमिटेड के मैनेजिंग डायरेक्टर हैं और एस्सेल ग्रुप के विस्तार में सक्रियता से जुटे हुए हैं।

सुभाष चंद्र   जवाहर गोयल   लक्ष्मी नारायण गोयल   अशोक गोयल

लक्ष्मी नारायण गोयल

एस्सेल समूह के एक प्रमुख रचयिता। लक्ष्मी नारायण गोयल सनसिटी प्रोजेक्ट प्राइवेट लिमिटेड के अध्यक्ष हैं। लक्ष्मी के नेतृत्व में सनसिटी रियल एस्टेट के क्षेत्र में नई ऊँचाइयाँ तय कर रहा है।

अशोक गोयल

एस्सेल प्रोपेक के उपाध्यक्ष और प्रबंध निदेशक। लेमिनेटेड ट्यूब के व्यवसाय में एस्सेल प्रोपेक को वैश्विक खिलाड़ी बनाने में अशोक गोयल का बड़ा हाथ रहा है। आज एस्सेल प्रोपेक विश्व की नंबर वन लेमिनेटेड ट्यूब बनानेवाली कंपनी है।

पुनीत गोयनका

जी एंटरटेनमेंट इंटरप्राइजेज लिमिटेड (पूर्व नाम जी टेलिफिल्म्स लिमिटेड) के प्रबंध निदेशक एवं मुख्य कार्यकारी अधिकारी (सी. ई.ओ.)। पुनीत इस कंपनी को चोटी की ओर ले जाने के लिए कृत-संकल्प हैं।

अमित गोयनका

सुभाष चंद्रा के सबसे छोटे बेटे अमित गोयनका पैन इंडिया नेटवर्क लिमिटेड के सी.ई.ओ. हैं। 24 अगस्त, 1976 को जनमे अमित बिजनेस एडमिनिस्ट्रेशन में ग्रेजुएट हैं। अमित पिछले छह वर्ष से ऑनलाइन गेमिंग कंपनी पैन इंडिया नेटवर्क लिमिटेड के

पुनीत गोयनका   अमित गोयनका   अतुल गोलयका   गगन गोयनका

गौरव गोयल अर्पित गोयल अंकित गोयल

प्रबंधन को सक्षमतापूर्वक सँभाल रहे हैं।

अतुल गोयल

ई-सिटी वेंचर्स के प्रबंध निदेशक हैं।

गगन गोयल

ई-सिटी बायस्कोप एंटरटेनमेंट प्राइवेट लिमिटेड और बाइस्कोप सिनेमाज प्राइवेट लिमिटेड के निदेशक हैं।

गौरव गोयल

जवाहर गोयल के सबसे बड़े बेटे डिश टी.वी. की सहायक कंपनी इंटिग्रेटेड सब्सक्राइबर मैनेजमेंट सर्विसेज लिमिटेड सँभालते हैं। 10 अप्रैल, 1980 को जनमे गौरव वित्त और विपणन में विशेषज्ञता के साथ बिजनेस एडमिनिस्ट्रेशन में ग्रेजुएट हैं।

अर्पित गोयल

सिटी एनर्जी लिमिटेड के निदेशक हैं।

अंकित गोयल

सनसिटी प्रोजेक्ट प्राइवेट लिमिटेड के निदेशक हैं।

❑

17

महत्त्वपूर्ण पड़ाव

1950	–	सुभाष चंद्रा का जन्म (30 नवंबर)।
1967	–	पारिवारिक उद्यम में हानि, ऋण। इंजीनियरिंग शिक्षा को बीच में ही छोड़कर दादा और पिता के व्यवसाय में सहयोग।
1976	–	हिसार में भारतीय खाद्य निगम के जिला प्रबंधक से परिचय। साथ मिलकर काम करने का फैसला।
1981	–	सरकार की अनुमति से सोवियत यूनियन को खाद्य पदार्थों का निर्यात। लाभार्जन। परिवार के सारे ऋण से उऋण और नए धंधे में निवेश।
1984	–	'एस्सेल पैकेजिंग' कंपनी शुरू की। अगले पाँच साल तक कंपनी को लगातार हानि।
1989	–	मुंबई के पास 'एस्सेल वर्ल्ड' नामक मनोरंजन पार्क शुरू किया।
1990	–	ग्लोबल विपश्यना फाउंडेशन की स्थापना।
1992	–	जी टेलीफिल्म्स लिमिटेड कंपनी की स्थापना

(8 सितंबर)। जी टी.वी. के प्रसारण आरंभ (2 अक्तूबर)।

1993 – 'जी टी.वी.' सफल। भारत में नंबर 1 के स्थान पर।

– 'जी टेलीफिल्म्स' ने शेयर बाजार में अपने शेयर जारी करके 100 करोड़ रुपए इकट्ठे किए।

'एस्सेल पैकेजिंग' ने भारत के बाहर भी अपनी शाखा खोली।

– रूपर्ट मर्डोक ने सुभाष चंद्रा के साथ मिलकर कार्य आरंभ किया।

1995 – जी न्यूज और जी सिनेमा दो नए चैनल लॉञ्च।

– जी टी.वी. ब्रिटेन में लॉञ्च।

1996 – 'तालीम' की स्थापना।

– भारत के प्रथम केबल चैनल 'सिटी केबल' केबल नेटवर्क की शुरुआत।

स्टार कंपनी द्वारा अपनी शर्तों का अतिक्रमण कर हिंदी कार्यक्रमों का निर्माण और जी टी.वी. के साथ सीधा मुकाबला।

1997 – जी म्यूजिक (मूल नाम म्यूजिक एशिया) का आरंभ।

1998 – जी टी.वी. द्वारा स्टार टी.वी. के विरुद्ध मुकदमा।

जी टी.वी. का प्रसारण अमेरिका में आरंभ।

– जी सिने अवार्ड्स की स्थापना।

1999 – न्यूज कॉर्पोरेशन और अपने टेलीविजन के

संयुक्त उद्यम की 50 प्रतिशत हिस्सेदारी अधिग्रहीत।

– क्षेत्रीय चैनलों की शुरुआत।

1999–2000 – 'एस्सेल पैकेजिंग' कंपनी द्वारा 'प्रोपैक' कंपनी के साथ मिलकर 'एस्सेल-प्रोपैक' की स्थापना। संसार की सबसे बड़ी प्लास्टिक लेमिनेशन कंपनी बनी।

2000 – केबल द्वारा इंटरनेट सेवा आरंभ। भारत में इस प्रकार की प्रथम कंपनी बनी।

– एम.जी.एम. एवं वायकॉम के साथ कंटेंट डिस्ट्रीब्यूशन आरंभ।

– एशियाई क्षेत्र में 'पे चैनल बुके' की शुरुआत।

2001 – जी टी.वी. और जी न्यूज पे चैनल बने।

2002 – ई.टी.सी. नेटवर्क लिमिटेड और पद्मालया टेलीफिल्म्स लिमिटेड की नियंत्रण योग्य हिस्सेदारी पर कब्जा।

2003 – डी.टी.एच. बाजार के लिए पाँच नए चैनल लॉञ्च–एक्शन सिनेमा, क्लासिक सिनेमा, प्रीमियर सिनेमा, एम.एक्स. और स्माइल टी.वी.।

– राजश्री पिक्चर्स के साथ सिनेमाघरों में फिल्म वितरण के लिए समझौता।

– फैशन चैनल 'ट्रेंड्ज' की शुरुआत।

– भारत के क्रिकेट मैचों को प्रसारित करने की नीलामी में जीत।

'जी स्पोर्ट्स' चैनल की स्थापना।

भारत के क्रिकेट मैचों को प्रसारित करने

का अधिकार जी टी.वी. को दिए जाने के विरुद्ध न्यायालय में मुकदमा। भारतीय क्रिकेट कंट्रोल बोर्ड द्वारा नीलामी रद्द।

हिंदी के मनोरंजक चैनलों में जी टी.वी. एक सीढ़ी उतरकर तीसरे स्थान पर।

ग्लोबल इंडियन एंटरटेनमेंट पर्सनैलिटी ऑफ द ईयर पुरस्कार।

2005 – 'दैनिक भास्कर' के साथ मिलकर 'डी.एन.ए.' समाचार-पत्र की स्थापना।

2006 – तीसरी बार क्रिकेट प्रसारण का अधिकार प्राप्त करने का प्रयत्न और असफलता।

– जी टेलीफिल्म्स लिमिटेड के विलय की शुरुआत।

2007 – जी एंटरटेनमेंट एंटरप्राइजेज लिमिटेड (पूर्व नाम जी टेलीफिल्म्स लिमिटेड) एक स्वतंत्र कंपनी के रूप में सूचीबद्ध।

– नए क्रिकेट 'आई.सी.एल.' का आयोजन। जी टी.वी. पुनः प्रथम स्थान पर।

2010 – भारत का प्रथम 24 घंटे का भोजन चैनल–'जी खाना-खजाना' लॉञ्च।

– भारत का प्रथम उर्दू का सूचनाप्रद-मनोरंजक चैनल–'जी सलाम' लॉञ्च।

– टेन स्पोर्ट्स में हिस्सेदारी।

– 24 घंटे का क्रिकेट चैनल 'टेन क्रिकेट' लॉञ्च।

– फुटबॉल के रोमांच से रू-बरू करानेवाला 'टेन एक्शन' चैनल लॉञ्च।

पुरस्कार एवं सम्मान

1998 – इकोनॉमिक टाइम्स द्वारा इमर्जिंग कंपनी ऑफ दि ईयर' अवार्ड।

1999 – (1) अर्नेस्ट एंड यंग द्वारा 'वर्ष उद्यमी' अवार्ड।

(2) बिजनेस स्टैंडर्ड द्वारा 'बिजनेसमैन ऑफ दि ईयर' अवार्ड।

(3) इंटरनेशनल ब्रांड सम्मिट द्वारा 'इंटरप्राइज सी.ई.ओ. ऑफ दि ईयर'।

2001 – 'फोर्ब्स' द्वारा सूचीबद्ध।

2003 – दादा साहेब फाल्के अकादमी ट्रॉफी।

2004 – फिक्की द्वारा 'ग्लोबल इंडियन एंटरटेनमेंट पर्सनैलिटी ऑफ दि ईयर' अवार्ड।

2005 – भारत के 40 धनी व्यवसायियों में 16वाँ स्थान।

– ब्रिटेन में चौथे धनी एशियाई।

❑

18

जी टी.वी. की यात्रा

जी टी.वी. के आरंभ से लेकर अब तक के लोकप्रिय कार्यक्रमों की सूची–

1. 9 मलाबार हिल
2. 12/24 करोल बाग
3. 17 शरले रोड
4. आ, गले लग जा
5. आहा!
6. आज की बात
7. हँसने–हँसाने का टॉनिक लेडीज स्पेशल
8. अगले जनम मोहे बिटिया ही कीजे
9. अलादीन
10. व्हील घर–घर में
11. अपनों के लिए 'गीता' का धर्मयुद्ध
12. बनूँ मैं तेरी दुलहन
13. भागोंवाली : बाँटे अपनी तकदीर
14. छोटी बहू
15. डांस इंडिया डांस

16. दिल से दिया वचन
17. दो सहेलियाँ
18. एक से बढ़कर एक
19. घर की लक्ष्मी बेटियाँ
20. हमारी बेटियों का विवाह
21. आपकी अंतरा
22. झाँसी रानी की
23. झूमे जिया रे
24. 12/24 करोल बाग
25. कसम से
26. केशव पंडित
27. खाना-खजाना
28. माँ
29. मायका साथ जिंदगी भर का
30. मेरा नाम करेगी रोशन
31. मोनिका मोगरे
32. नागिन
33. परिवार : कर्तव्य की परीक्षा
34. पवित्र रिश्ता
35. रावण
36. राखी : एक अटूट रिश्ते की डोर
37. राम मिलाई जोड़ी
38. रणबीर रानो
39. रॉक एन रोल फैमिली
40. सा रे गा मा पा चैलेंज
41. सा रे गा मा पा सिंगिंग सुपर स्टार
42. सात फेरे

43. साथ-साथ बनाएँगे एक आशियाँ
44. संजोग से बनी संगिनी
45. संस्कार लक्ष्मी
46. श्री
47. तीन बहू रानियाँ
48. वारिस
49. व्हील घर-घर में
50. यहाँ मैं घर-घर खेली
51. योगा फॉर यू
52. जिंदगी बदल सकता है हादसा
53. आकाश
54. आन-बान
55. आँचल की छाँव में
56. आँधी
57. आँगन
58. आप जो बोलें तो हाँ
59. आप की अदालत
60. वो
61. आशिकी
62. आशियाना
63. आशीर्वाद
64. आसमान से टपकी
65. आती रहेंगी बहारें
66. अब ये मुमकिन नहीं
67. अभिमन्यु
68. अभिनेत्री
69. एड मेड शो
70. अंताक्षरी इंटरकॉलेजियट चैंपियनशिप

71. अग्निचक्र
72. अकबर-बीरबल
73. अलादीन
74. अलविदा डार्लिंग
75. अमानत
76. अमर प्रेम
77. अनंत
78. अंदाज
79. अनहोनी
80. अनकही
81. अधिकार
82. अपना-अपना स्टाइल
83. अपुन को बस वैसे ही
84. अर्चना आ हा!
85. अर्द्धांगिनी
86. अरमान
87. अर्थ
88. अस्तित्व–एक प्रेम कहानी
89. अतीत
90. और शमा जलती रही
91. आविष्कार
92. आवाज : दिल से दिल तक
93. बाप रे बाप
94. बात बन जाए
95. बाजी किसकी
96. बाबुल की दुआएँ लेती जा
97. बजाज सुपर 7 मुकाबला

98. बनेगी अपनी बात
99. बनूँ मैं तेरी दुलहन
100. बसेरा
101. बेचारा बिग बी
102. बीजी के पीजी
103. ब्रेकफास्ट विद जी
104. ब्रिगेडियर बलवंत भवान
105. बिजनेस बाजीगर
106. बिजनेस यात्रा
107. कैंपस
108. सेलेस्ते
109. चाहत और नफरत
110. चलदी दा नाम गड्डी
111. चलो सिनेमा
112. चाणक्य
113. चंदन का पलना रेशम की डोरी
114. चाँदनी
115. चश्मे बद्दूर
116. चट्टान
117. ची एंड मी
118. चिंगारी
119. चॉकलेट
120. चोरी-चोरी चुपके-चुपके
121. छोटा मुँह और बड़ी बात
122. छोटा पैकेट बड़ा धमाका
123. छोटी बहू
124. छोटी-छोटी बातें
125. छोटी माँ : एक अनोखा बंधन
126. चूना लगा के
127. चुटकी बजा के

128. कोलगेट टॉप 10
129. कॉमेडी घंटा
130. कमिंग फुल सर्कल
131. दो और दो पाँच
132. दायरे
133. दम-दमा-दम
134. डांस इंडिया डांस

135. कमांडर
136. दरार
137. दास्तान
138. दस्तक
139. दस्त-ए-दिल
140. देवरानी-जेठानी
141. दीवाने तो दीवाने हैं
142. धूप में ठंडी छाँव माँ
143. दिल ना जाने क्यों
144. दिल्लगी

145. डिज्नी ऑवर
146. डांस इंडिया डांस लिटिल मास्टर्स
147. दो सहेलियाँ
148. दो से भले तीन
149. डॉलर बहू
150. डॉन
151. डबल ट्रबल
152. ड्रीम डेस्टीनेशंस
153. एक अनकही कहानी
154. एक और महाभारत
155. एक-दूजे के लिए
156. एक नजर
157. एक से बढ़कर एक
158. एक टुकड़ा चाँद का
159. फिल्म दीवाने

160. फिल्मी बातें
161. फिल्मी चक्कर
162. फिटनेस प्लस
163. फूल तो पागल है
164. फुल हाउस
165. फन ऑन द रन
166. गाने अनजाने
167. गर्दिश
168. गौरव
169. गीत गाता चल
170. गेट सेट गो
171. घर जमाई
172. घर की लक्ष्मी बेटियाँ
173. घराना
174. गोपालजी
175. गृहलक्ष्मी का जिन्न
176. Gubbare
177. गुब्बारे
178. गुदगुदी
179. गुलदस्ता
180. गुमराह
181. हैबिटेट
182. हुकूमत
183. हमारे तुम्हारे
184. हर घर कुछ कहता है
185. हमारी बेटियों का विवाह
186. आइडिया जी सिने स्टार
187. इंडियाज मोस्ट वांटेड
188. हैलो फ्रैंड्स

189. हाय जिंदगी, बाय जिंदगी
190. हिमगिरि का वीर
191. हिप-हिप हुर्रे
192. होम स्वीट होम
193. हद कर दी
194. हम आपके हैं वो
195. हम हैं अनाड़ी
196. हम पाँच
197. हम सब बाराती
198. हम जमीन
199. हसरतें
200. जूनियर जी
201. एक्स जोन
202. इनसाइट
203. जान
204. जनम
205. जब लव हुआ
206. जय गणेश
207. जय-जय-जय त्रिदेव
208. जय संतोषी माँ
209. जय श्री स्वामीनारायण
210. जब-जब दिल मिले
211. जी साहब
212. जीना इसी का नाम है
213. झलक
214. झटपट खाना
215. झूमे जिया रे
216. झूठ बोले कौवा काटे

217. झूठा सच
218. जॉनी आला रे
219. जंगली तूफान टायर पंक्चर
220. इंडियाज बेस्ट सिने स्टार की खोज
221. जस्ट एक मिनट
222. जुस्तजू
223. काला सोना
224. कारवाँ किस्मत का
225. कभी-कभी
226. कभी हाँ, कभी ना
227. कभी तो मिलेंगे
228. कहाँ से कहाँ तक
229. कहानी शुरू विद लव गुरु
230. कहो ना
231. कैसे कहूँ
232. कम या ज्यादा
233. कमबख्त इश्क
234. कमाल
235. करीना-करीना
236. कर्तव्य
237. कर्ज
238. कसक
239. कसम से
240. कशमकश
241. कश्ती
242. कशिश
243. केशव पंडित
244. खामोशियाँ कब तक
245. खेल-खेल में
246. खूबसूरत

247. कितने कूल हैं हम
248. किटी पार्टी
249. नोक-नोक कौन है?
250. कोई अपना-सा
251. कोशिश
252. कुरुक्षेत्र
253. क्या राज है
254. क्या सीन है
255. क्या यही प्यार है
256. लेडीज स्पेशल
257. लकीरें
258. लक्ष्य
259. लमहे
260. लावण्या
261. लिपस्टिक
262. लिटिल मिर्ची थोड़ा पिपर
263. लव मैरिज
264. मायका
265. महाभारत
266. मैं भी डिटेक्टिव
267. ममता
268. मानो या ना मानो
269. मंशा
270. मंजिलें अपनी-अपनी
271. मारगरिटा
272. मौसम
273. मेहँदी तेरे नाम की
274. मेरा मैजिक मेरा होम
275. मेरा नाम करेगी रोशन
276. मेरी डोली तेरे अँगना
277. यादों के पल

278. मोहनदास बी.ए. एल-एल.बी.
279. मोनिका मोगरे
280. मॉर्निंग जी
281. मि. गायब
282. मि. मिंटो
283. मृत्युदंड
284. मिसेज माधुरी दीक्षित
285. मुझे चाँद चाहिए
286. मुझे डोर कोई खींचे
287. मुल्क
288. मुसकान
289. नागिन
290. नमस्ते इंडिया
291. नया दौर
292. नया जमाना
293. नए नजराने
294. नीयत
295. निकलोडियन ब्लॉक
296. नीलाम घर-बिड बिड बूम
297. नो प्रॉब्लम
298. मारिया
299. ओह! डैडी
300. पालकी
301. पंचम
302. पांडे और पांडे
303. परंपरा
304. परिवर्तन
305. परिवार
306. परवरिश

307. पेइंग गेस्ट
308. फिलिप्स टॉप 10
309. पिया का घर
310. प्रधानमंत्री
311. प्रोफेसर प्यारेलाल
312. पब्लिक डिमांड
313. प्यार जिंदगी है
314. राह
315. राहत
316. राहें
317. रावण
318. रब्बा इश्क ना होवे
319. राखी
320. रणबीर रानो
321. ये दिल्लगी
322. रेत
323. रिश्ते
324. रॉक एन रोल फैमिली
325. रूह
326. रॉयल कजिन ऑफ इंडिया
327. सा रे गा मा पा
328. सा रे गा मा पा चैलेंज 2005
329. सा रे गा मा पा एक मैं और एक तू
330. सा रे गा मा पा लिटिल चैंप्स
331. सा रे गा मा पा चैलेंज 2007
332. सा रे गा मा पा लिटिल चैंप्स इंटरनेशनल
333. सा रे गा मा पा चैलेंज यू.एस.ए. 2008
334. सा रे गा मा पा चैलेंज 2009

335. सा रे गा मा पा लिटिल चैंप्स 2009
336. सा रे गा मा पा मेगा चैलेंज
337. साजन-सजनी (गेम शो)
338. साँझी
339. साँप-सीढ़ी
340. सात फेरे
341. साथ-साथ
342. साथ-साथ बनाएँगे एक आशियाँ
343. सब चलता है
344. साहिब-बीवी और टी. वी.
345. सैलाब
346. समंदर
347. संपत ऐंड संपत
348. संसार
349. संस्कार
350. सारे जहाँ से अच्छा
351. सारे सपने कहीं खो गए
352. सरहदें
353. सरकार : रिश्तों की अनकही कहानी
354. सेटरडे सस्पेंस
355. सवाल दस करोड़ का
356. शाबाश इंडिया
357. शाही दावत
358. शक्ति
359. शपथ
360. शतरंज
361. शायद

362. श्री
363. श्रीकृष्ण
364. सिकंदर
365. सिंपली शेखर
366. सिंदूर तेरे नाम का
367. स्नेक्स ऐंड लैडर
368. सॉन्ग तेरे नाम से
369. सॉरन मेरी लॉरी

370. सुनो-सुनो ट्रिंग-ट्रिंग
371. सुहाना सफर
372. सस्पेंस ऑवर!
373. तमन्ना हाउस
374. तनाव
375. तारा
376. तरकश

377. टीचर
378. तीन बहू रानियाँ
379. तीर-कमान
380. तेजस्विनी
381. तेनाली रमन (कार्टून)
382. तेरे-मेरे सपने
383. तेरी भी चुप, मेरी भी चुप
384. द कैडबरी बोर्नवीटा क्विज कॉण्टेस्ट
385. द फेंगशुई शो
386. द लौ-कैल शो
387. द मैजिक मेकअप बॉक्स

388. द उषा उत्थप शो
389. थीफ ऑफ बगदाद
390. थ्रिलर एट 10
391. टाइम बॉम 9/11

392. टाइटन अंताक्षरी
393. तोल-मोल के बोल
394. तू कहे अगर
395. तुम पुकार लो
396. तुम बिन जाऊँ कहाँ
397. तुम्हारी दिशा
398. उलटा-पुलटा एक मिनट
399. उम्मीद
400. वार-वार परिवार
401. वकालत
402. विजय ज्योति
403. विष्णुपुराण
404. विश्वास
405. वारिस (1999)
406. वारिस (2008)
407. वाह, क्या सीन है

❑

साभार

इस पुस्तक के लेखन-सृजन में व्यक्तिगत के अतिरिक्त निम्नलिखित स्रोतों से बहुमूल्य संदर्भ-सूचनाएँ ली गई हैं। हम उनका हृदय से आभार प्रकट करते हैं—

1. baheti-ivf.com
2. bharatstudent.com
3. biztech2.in.com
4. chinadaily.com.cn
5. connect.in.com
6. dipity.com
7. ekal.org
8. en.wikipedia.org/wiki/Subhash_Chandra
9. flickr.com
10. http://hi.wikipedia.org/wik
11. http://www.bloggerspoint.comèk world-series-cricket
12. http://www.timescontent.com
13. http://www.zimbio.com
14. indiabuzzblog.blogspot.com
15. indiainfotravel.blogspot.com
16. innovationsinnewspapers.com
17. josh18.in.com/showstory.php
18. knowledge.wharton.upenn.edu/india
19. panchjanya.com
20. photos.merinews.com
21. physorg.com
22. plasteurope.com
23. preetirathod.wordpress.com
24. publiconlinedemand.com
25. raghus-newsland.blogspot.com

26. successscoop.com
27. thatshindi.oneindia.in
28. timesofindia.indiatimes.com
29. tribuneindia.com tribuneindia.com tribuneindia.com
30. tvserialsandshows.com
31. wikinewforum.com
32. www.esselgroup.com/subhash-chandra
33. www.gomolo.in/People/People.aspx?pplid
34. www.iloveindia.com/indian-heroes/subhash-chandra.html
35. www.indianetzone.com
36. www.mapsofindia.com
37. www.scribd.com
38. wwwhindimeriawaz.blogspot.com

❑❑❑